*Tarot – was sagen die Karten?*

# Tarot – was sagen die Karten?

*Von Rita Danyliuk*

humboldt-Taschenbuch 546

Die Autorin:
Rita Danyliuk ist Verfasserin zahlreicher Bücher.

Umwelthinweis: gedruckt auf chlorfrei gebleichtem Papier

5. Auflage 1996

Hinweis für den Leser:
Alle Angaben sind von Autorin und Verlag sorgfältig geprüft. Dennoch kann eine Gewähr nicht übernommen werden.

Umschlaggestaltung: Wolf Brannasky, München
Umschlagfoto: Fotostudio Peter Bornemann, München
Fotos im Innenteil: Fritz Seidel, München
Zeichnungen: Claudia Danyliuk und Nada Gotovac

© 1987 by Humboldt-Taschenbuchverlag Jacobi KG, München
Druck: Presse-Druck Augsburg
Printed in Germany
ISBN 3-581-665466-8

5 * 96

# Inhalt

Becher 89 – 8 von Becher 90 – 7 von Becher 90 – 6 von Becher 91 – 5 von Becher 91 – 4 von Becher 91 – 3 von Becher 92 – 2 von Becher 92 – Eins von Becher 93

König von Scheibe 93 – Königin von Scheibe 95 – Ritter von Scheibe 95 – Knappe von Scheibe 96 – 10 von Scheibe 96 – 9 von Scheibe 97 – 8 von Scheibe 97 – 7 von Scheibe 97 – 6 von Scheibe 98 – 5 von Scheibe 98 – 4 von Scheibe 99 – 3 von Scheibe 99 – 2 von Scheibe 100 – Eins von Scheibe 100

König von Schwert 101 – Königin von Schwert 101 – Ritter von Schwert 103 – Knappe von Schwert 103 – 10 von Schwert 104 – 9 von Schwert 104 – 8 von Schwert 104 – 7 von Schwert 105 – 6 von Schwert 105 – 5 von Schwert 106 – 4 von Schwert 106 – 3 von Schwert 107 – 2 von Schwert 107 – Eins von Schwert 108

I Der Magier 118 – II Die Hohepriesterin 119 – III Die Herrscherin 119 – IV Der Herrscher 119 – V Der Hohepriester 119 – VI Entscheidung (Die Liebenden) 120 – VII Wagen des Osiris 120 – VIII Die Gerechtigkeit 120 – IX Der Eremit 120 – X Das Rad des Lebens 121 – XI Die Kraft 121 – XII Die Prüfung 121 – XIII Der Tod 121 – XIV Unsterblichkeit 121 – XV Der Schwarzmagier 122 – XVI Die Zerstörung 122 – XVII Die Sterne 122 – XVIII Der Mond 122 – XIX Sonne des Osiris 122 – XX Unsterblichkeit 123 – XXI Alles in allem 123 – 0 Der Narr 123

# DER ASTROLOGISCHE TAROT

## Die Tierkreiszeichen und die Planeten

## Der astrologische Tarot – zwei Methoden des Wahrsagens

## Bezugsquellen

## Register

# Einleitung

In sehr alten Zeiten, als Ägypten noch von Pharaonen regiert wurde, war es Sitte, vor großen wie vor kleinen Entscheidungen das Orakel zu befragen. »Die Sterne lügen nicht« war ein allgemeiner Ausspruch des Volkes. Die Ägypter benutzten zum Blick in die Zukunft 78 Piaster, auf denen geheimnisvolle Hieroglyphen eingraviert waren. Die richtigen Kombinationen und das Wissen um ihre Bedeutung ließen das Orakel beinahe immer »wahr« sagen.

Tarot ist die hohe Kunst, Vergangenheit, Gegenwart und Zukunft aus den Karten zu lesen. Das heißt, Vergangenes zu erfassen, Gegenwärtiges klarer zu sehen und nutzbringende Zukunftsprognosen aufzustellen. Und zwar nicht nur unabhängig von Nation, Geschlecht, Zeit, sondern auch unabhängig von jeder Sprache, ja von Wörtern überhaupt.

Was ist Tarot? Tarot ist eine in Symbolen zusammengefaßte Weisheitslehre. Der hohe und tiefe Sinn der bildhaften Symbole kann durch unsere Buchstabensprache allein nicht erfaßt werden. Tarot ist so reich an Wissen, daß sich aus den 78 Karten zahllose und unerschöpfliche Gedankenmuster und Ideenverbindungen ablesen und weiterentwickeln lassen.

26 einzelne Buchstaben, die Buchstaben unseres Alphabets, in immer neuen Variationen ausgelegt, bilden die Grundlage unseres gesamten Wissens. Wie groß ist erst der Schatz, der in den 78 Tarotkarten liegt! Jede einzelne Karte, verglichen mit einem einzigen Buchstaben, birgt so viele Erkenntnisse, daß sich demjenigen, der es versteht, aus den Karten zu »lesen« und ihre Bedeutung zu erfassen, tiefes Wissen über sich selbst und über alle Zusammenhänge im Universum auftut.

Tarotkarten erhalten ihr Leben erst durch unsere Gedankenkraft. Intuition, übersinnliches Sehen und Fühlen, kann die Sprache der Bilder enträtseln. Vor allem Symbole der Großen beziehungsweise Hohen Arkanen werden größtenteils intuitiv erfaßt. *Tarot ist keine Zauberei.* Seine jahrhundertealte Geschichte allein in Europa ist der Beweis: Wahrsagen mit Karten, Weissagen mit Tarot ist eine Kunst. Zur Meisterschaft in dieser Kunst werden es nur wenige Auserwählte und Eingeweihte bringen. Aber jeder ernsthafte Interessent kann versuchen, sich mit dieser Ideenwelt auseinanderzusetzen, ein Stück in sie einzudringen und für seinen Bedarf nach einiger vertiefender Übung Hinweise daraus abzuleiten.

# Wie alt ist Tarot?

## Ursprung, Überlieferung und Geschichte

Der Ursprung des Tarot, des Wahrsagens mit Karten, liegt verborgen im Dunkel der Vergangenheit. Wir wissen jedoch: Tarotkarten wurden schon *in frühester Zeit* zum Wahrsagen verwendet. Obwohl die Kunst des Wahrsagens mit Karten bereits lange vor christlicher Zeitrechnung außer in Ägypten auch in China, Indien und Persien bekannt war, sind viele Historiker überzeugt: Tarot wurde uns von den Ägyptern überliefert, und diese haben ihr Wissen wiederum von noch weiter zurückliegenden Zivilisationen und Hochkulturen übernommen.

Heute geht man davon aus, daß einerseits die Zigeuner, die als die direkten Nachkommen der Ägypter gelten, und andererseits die Kreuzfahrer Tarot nach Europa gebracht haben.

Tarot umfaßt in Bildsymbolen die uralte Weisheitslehre *des ägyptischen Buches Thot*. In diesem Buch ist das gesamte Wissen über die Schöpfung und den Menschen in symbolischer Bildersprache dargestellt. Nach der Überlieferung wurde dieses Buch von Thot, dem Schutzgott der Schreiber und Erfinder der Schrift, selbst verfaßt. Nur wenige Auserwählte – es waren ausnahmslos Angehörige einer höheren Kaste – wurden von Priestern in diese uralte Weisheitslehre »eingeweiht«, und zwar immer nur mündlich. Die ägyptischen Priester wachten alle eifersüchtig über die Wahrung der Geheimnisse ihrer Religion. Sie allein waren es ja, die aufgrund ihres Wissens von Gott und dem Universum Vergangenheit, Gegenwart und die Zukunft deuten konnten.

In Europa tritt Tarot zum ersten Mal *im 13. Jahrhundert* auf, und zwar in Italien. Wenig später war Tarot auch in Deutschland anzutreffen. Tarot fand zuerst nur bei Hofe und bei Adeligen Eingang. Wahrscheinlich, weil die Herstellung seiner Hilfsmittel, die Darstellung der Symbole auf Lamellen in Silber, Gold, Elfenbein oder wertvollem Holz, sehr kostspielig war. Erst viel später haben Volk und Bürgertum die Symbole des Tarot und allgemein das Wahrsagen mit Karten übernommen.

Im Laufe der Zeit erfuhren die Kartenbilder immer wieder Änderungen. Sie wurden nach der Geschichte des Landes und auch nach persönlichen Ideen des Künstlers umgestaltet. So entstanden aus Pharaonen Könige und Königinnen; diese mußten in verschiedenen Ländern zu verschiedenen Zeiten Gelehrtenköpfen oder anderen Persönlichkeiten weichen. Papst und Päpstin ersetzten hohe Würdenträger der ägyptischen Priesterschaft. Die ursprünglichen Darstellungsformen wurden zwar teilweise überdeckt, blieben aber in ihrer Symbolik erhalten.

Zur Zeit sind ca. 200 verschiedene TAROT-Interpretationen im Handel. Spezialgeschäfte haben zwischen 90 und 110 verschiedene Tarotdarstellungen laufend auf Lager. Da ist bereits jede Karte ein faszinierendes, inspirierendes Kunstwerk. Neben alten, dem Mittelalter nachempfundenen Motiven gibt es unter anderem sehr stark spirituell ausgerichtete Karten, auch Darstellungen in Buchstabensymbolen, wie beispielsweise diejenigen des jüdischen Alphabets, oder kräftige, farbenfrohe Nachempfindungen bekannter moderner Maler, wie z. B. von Renato Guttuso und Salvador Dalí. Auch das Format der rund 200 verschiedenen Serien ist unterschiedlich; es ist von ca. 5 × 7 cm bis ca. 10 × 17 cm zu haben.

# EINWEISUNG

# Allgemeines

Wahrsagen mit Tarot ist kein Spiel und nicht geeignet, spaßeshalber im lustigen Kreis von Freunden und Bekannten die Zukunft zu deuten. Geschieht dies trotzdem, so kann diese Aussage keinesfalls ernst genommen und als richtig bewertet werden.

Tarot ist eine »*magische*« *Handlung* und deshalb allen Gesetzen der Magie untergeordnet. Jede Karte ist eine bildliche Darstellung bestimmter Lebensgesetze. Diese Bildsymbole wecken in uns, vor allem durch die Gabe der Intuition, tiefes Wissen, das unbewußt in uns schlummert.

Kartenlesen ist nicht in 1−2 Wochen »erlernbar«; obwohl es bei täglicher Übung ohne weiteres möglich ist, sich in kurzer Zeit die Bedeutung der einzelnen Karten, ohne nachzusehen, anzueignen. Jede einzelne Karte birgt einen vielschichtigen Erfahrungs- und Wissensschatz, der sich nicht pauschal auswendiglernen läßt. Das Verwenden von Hilfsmitteln zur Deutung zerstört außerdem die magische Arbeit. Kartenlesen erfordert intensives Studium der Symbolik, und zwar nicht nur jeder einzelnen Karte, sondern auch die ihrer Beziehungen untereinander. Wir können nur dann die richtige Antwort finden, die Bilder, die vor dem geistigen Auge erstehen, nur dann richtig deuten, wenn wir so tief in ihre Symbolik eingedrungen sind, daß wir zur Deutung keine schriftliche Gedankenstütze mehr benötigen. Auch erfahrene, verantwortungsvolle Kartenleger empfehlen: »Eignen Sie sich ein grundlegendes, ausführliches Wissen über die Bedeutung der Symbole an. Dann erst können Sie die Karten in ihrer wirksamsten Weise benutzen.«

Beginnen Sie langsam, üben Sie täglich. Auch hier gilt das Sprichwort: »Es ist noch kein Meister vom Himmel gefallen.«

Nicht jedermann hat die Fähigkeit, Tarotkarten zum Sprechen zu bringen:

# Welches sind die Voraussetzungen für einen guten Wahrsager?

1. Fähigkeit zur tiefen *Konzentration* auf das Kartenbild; dies ist jedoch nur möglich, wenn Sie die Bedeutung der Symbole bereits »im Schlaf« kennen.

2. *gutes Gedächtnis*, um die vielen Bedeutungen jeder einzelnen Karte sowie die unzähligen möglichen Kartenkombinationen und Aussagen in sich zu speichern und eine vollständige Zusammenschau zu erreichen; eine Prognose, die nur einen Teil der aufliegenden Karten mit einbezieht, läuft Gefahr, unvollständig und unrichtig zu sein.

3. *Intuition:* ohne sie gibt es kein »Weissagen«. Nur wer diese Gabe besitzt, kann in die Zukunft schauen. Gerade Frauen bringen diese Fähigkeit in hohem Maße mit. Viele von ihnen sind für das Wahrsagen prädestiniert.
   Der/die Intuitive empfängt den elektro-magnetischen Strom vom Fragenden, der wie ein rotglühender Faden durch die Tarotkarten läuft und den Kartendeuter befähigt, »wahr« auszusagen.

4. *Glaube:* der Glaube an die Macht des Guten, der Glaube an sich selbst und an seine Kunst, so wie jeder Arzt, jeder Chirurg, jeder Künstler, ja jeder an sich glauben muß, um erfolgreich zu sein.

5. *Verantwortungsbewußtsein:* Ein guter Kartendeuter ist sich seiner großen Verantwortung bewußt und wird dementsprechend handeln. So wird er zum Beispiel keine Aussage aus dem Zusammenhang reißen. Eine bruchstückhafte Interpretation läuft Gefahr, einen unvollständigen und unrichtigen Eindruck zu hinterlassen. Er sagt auch nicht: »So ist es, und so kommt es«, sondern: »Nimm den Rat und die Warnung an, dann kannst du dein Leben selbst gestalten.«

6. *innere Harmonie*, gestützt auf Lebenserfahrung und tiefes Wissen, die sich auf den Sinn der Aussage ebenso positiv auswirkt wie auf den Fragenden selbst. So werden zum Beispiel bei Ausgeglichenheit und Einfühlungsvermögen in die Person des Fragenden diesen auch überraschende negative Aussagen nicht schockieren.

7. *scharfe Beobachtungsgabe:* nicht allein, um ein Kartenbild schnell und richtig zu erfassen, sondern auch, um über die vorsichtige Interpretation der Physiognomie des Fragenden Auskunft über seine Probleme und seinen seelischen Zustand zu bekommen.

# 13 goldene Regeln der Magie für den »Studenten« der Wahrsagekunst

1. Gehen Sie mit positiver Einstellung und nur nach intensiver innerer Vorbereitung ans Werk. Nur dann wird auch das Resultat positiv sein.
2. Legen Sie die Karten nur, wenn Sie in guter physischer und psychischer Verfassung sind. Ist dies nicht der Fall, verschieben Sie die Beratung.
3. Nehmen Sie sich Zeit. Die Karten sprechen nicht »zwischen Tür und Angel«. Auch nicht auf einer Tischecke zwischen Hauptspeise und Nachtisch.
4. Der Raum, in dem Sie die Zukunft deuten, soll Ruhe und Behaglichkeit ausströmen. Er soll weder zu groß, noch zu hell sein. Wählen Sie die Sitzordnung so, daß Sie selbst im Halbdunkel sitzen.
5. Vermeiden Sie elektrisches Licht. Kerzenlicht fördert Konzentration und Intuition.
6. Machen Sie Ihre Beratungen in den Abend- und Nachtstunden, jedenfalls nach der Hektik des Tages. Die Chancen, störungsfrei zu empfangen, sind dann bedeutend größer.
7. Halten Sie alle profanen Gerüche möglichst fern. Zarter Duft von Räucherstäbchen oder Räucherkerzen hingegen fördert Ihre geistige Kraft.
8. Achten Sie auf den geeigneten Wochentag. Jeder Mensch hat einen ihm besonders günstigen Tag der Woche.
9. Sonntage sind nach alter Überlieferung für das Kartenlegen tabu.
10. Legen Sie die Karten ausnahmslos nur Erwachsenen, aber *nicht* verängstigten, labilen Menschen in schlechter Gemütsverfassung.

11. Legen Sie die Karten niemals in Anwesenheit Dritter. Der Fragende und der Wahrsager werden dadurch abgelenkt. Der geheimnisvolle magnetische Strom zwischen dem Fragenden und dem Deuter kann durch fehlende Konzentration und Vibration, die Magie erzeugt, nicht zustande kommen.

12. Wiederholen Sie die Befragung zu einem bestimmten Anliegen niemals am selben Tag, auch wenn der Fragende Sie noch so sehr darum bittet. Ihre Aussage wird von der vorhergehenden unbewußt manipuliert: Der Verstand schaltet sich ein, und die Intuition kann nicht zum Zuge kommen.

13. Äußere Beherrschung beim Lesen aus den Karten erreicht der Wahrsager durch tiefes Versenken in die Kartenbilder. So spiegelt sich in seinem Gesicht das Geschehene kaum, und seine Stimme bleibt unverändert.

**Tip 1:**
Stellen Sie mit Takt ein Minimum an Fragen; nur dann sind deutliche Voraussagen möglich. Und zwar über Alter, Beruf, Familienstand, Gesundheitszustand, die persönliche Lage, die finanzielle und soziale Situation.

**Tip 2:**
Dunkler Samt, auf dem Sie die Karten auslegen, erhöht die feierliche Stimmung, die Sie zu Ihrer magischen schöpferischen Tätigkeit benötigen.

**Tip 3:**
Legen Sie nahestehenden, befreundeten oder verwandten Personen die Karten nur für allgemeine Fragen und dann, wenn es sich um gute Entscheidungen in ihrem Leben handelt. Wissen, persönliche Erfahrungen und Meinungen beeinflussen die Aussagekraft der Bilder.

**Tip 4:**
Anfänger sollen nur Karten auslegen, die im Päckchen in einer Richtung vorbereitet sind und nicht verkehrt liegen. Die Bedeutung der umgekehrten Karte ist eine andere, und das Deuten gestaltet sich schwieriger.

# Auch der Fragesteller ist gefordert, damit das Orakel wahr und weise aussagt

1. Gehen Sie mit aufgeschlossenem Herzen und frei von Haß, Neid und anderen negativen Stimmungen in die Beratung.
2. Seien Sie dem Kartendeuter gegenüber ehrlich.
3. Haben Sie den ernsthaften Wunsch, die Wahrheit zu erfahren und die Situation zu verbessern.
4. Konzentrieren Sie sich tief und beschäftigen Sie sich gedanklich intensiv mit Ihrem Problem.
5. Fragen Sie nur das Wichtigste. Ersticken Sie den Wahrsager nicht unter einer Flut von Fragen.

# Die Befragung des Orakels

setzt sich zusammen aus

- dem *Mischen* der Karten
- dem *Finden* der richtigen Karten
- dem *Auslegen.*

## Das Mischen der Karten

Ziel des Mischens ist nicht allein, die Reihenfolge der Karten immer
wieder zu verändern. Von Bedeutung ist vielmehr, daß durch das
Mischen und Abheben über die Karten ein enger Kontakt zwischen
dem Fragenden und dem Kartendeuter hergestellt wird.

Das Mischen zählt zu den wichtigsten »Handhabungen« in der
Praxis des Wahrsagens mit Karten. Geheimnisvolle Kräfte im Fragenden beeinflussen durch Berührung die Wahl der Karten und
damit die Aussage. Dies geschieht vor allem beim Abheben, wenn
sich der Ratsuchende intensiv auf seine Frage konzentriert.

Der Wahrsager ordnet zu Beginn alle Karten ihrer Reihenfolge
nach und legt alle in dieselbe Richtung, das heißt mit Bild nach
oben. Dann gibt er *dem Fragenden* den Kartenpack: Er soll die
Karten nach Belieben verändern. Das Recht, die Ordnung der Karten zu verändern, hat allein der Fragende.

Dann nimmt wieder der Kartendeuter den Kartenstapel auf und
mischt *mit der linken Hand* entweder dreimal oder siebenmal oder
dreizehnmal. In der Regel wird *siebenmal* zu Ehren der 7 Planeten
gemischt. Dabei konzentriert er sich voll auf seine Aufgabe. Die
gemischten Karten legt er anschließend verdeckt auf den Tisch.

Der Fragende setzt jetzt seine linke Hand auf den Kartenpack und
gleichzeitig seine ganze Hoffnung in den Kartendeuter. Dann teilt

er die Karten *mit der linken Hand.* In diesem Augenblick entsteht durch die Vibration seiner Hand ein geheimnisvoller Strom, der sich auf die Karten überträgt und den der Wahrsager, der jetzt die Karten aufnimmt, entsprechend dem Grad seiner Konzentration als magische Energie empfängt.

Der Kartendeuter sieht sich die untersten Karten an, denn sie vermitteln einen ersten Überblick über das Orakel, und vereint die beiden Päckchen wieder zu einem einzigen Kartenpack.

# Das Finden der richtigen Karten

### Methode A

Der Kartendeuter konzentriert sich dabei voll auf seine Aufgabe. Den gemischten Kartenpack legt er anschließend verdeckt auf den Tisch (das heißt mit Kartenbild nach unten) und breitet ihn aus. Mit den Fingern schiebt er die Karten auseinander. Er konzentriert sich intensiv auf den Wunsch, die für die Deutung richtigen Karten zu finden. Seine Finger betasten die Karten, gleiten auf dem Kartenrücken hin und her, während er immer wieder die Frage stellt: »Welches ist die richtige Karte?« – und so, tastend und fragend, langsam, der Reihe nach, die nach einer gewählten Methode erforderliche Zahl der Karten auslegt.

Eine andere Möglichkeit, die richtigen Karten zu finden, ist

### Methode B

Während sich der Ratsuchende stark auf sein Problem und seine Frage konzentriert und dabei den Kartenpack teilt, fordert ihn der Kartendeuter unvermittelt auf, schnell und ohne zu überlegen eine Zahl zwischen 1 und 22 zu nennen. Der Kartendeuter zählt daraufhin, oben am Kartenpack beginnend, bis zur genannten Zahl ab und legt die Karte aus. Neu mischen, sich konzentrieren, abheben, Zahl nennen und herauslegen. So geht es weiter, bis alle Karten, die benötigt werden, ausgelegt sind.

### Das Erscheinen oder Finden der *persönlichen Karte*

Die *persönliche Karte* oder Personenkarte, die den Fragenden oder eine andere, beliebige Person im Orakel darstellt, muß immer Mittelpunkt und bedeutendste Karte jeder Aussage sein. Die richtige

Wahl und das richtige Erscheinen dieser Karte ist daher von großer Wichtigkeit. Es gibt dazu folgende Möglichkeiten:

a) sie vor dem Auslegen der Karten aus dem Kartenpack nehmen, ohne sie zu deuten;

b) sie vor dem Auslegen der Karten aus dem Kartenpack nehmen und sie als *Hauptkarte* in das Orakel mit einbeziehen (diese Methode ist jeder anderen vorzuziehen);

c) sie im Verlaufe des Auslegens von selbst erscheinen zu lassen;

d) wenn sie nicht auf natürliche Weise erschienen ist, sie nach dem Auslegen der gewünschten Anzahl von Karten im verbliebenen Kartenpack suchen und zugleich mit der *vorderen Nachbarkarte,* die ihr Erscheinen verhindert hat, auslegen und beide Karten, die persönliche Karte als wichtigste Karte, ins Orakel mit einbeziehen.

# Wählen Sie die richtige Personenkarte

nach folgender Aufstellung:

1. Gruppe der **Stäbe**

*König von Stab*
gesetzter Mann, in der Regel verheiratet, in der Provinz oder auf dem Land lebend, Vatertyp, beispielhafter Vorgesetzter, einflußreicher Freund, kann von Beruf Förster, Landmann, Züchter, Gärtner, Lehrer, Berater oder Architekt sein.

*Königin von Stab*
reife Frau, verheiratet oder geschieden, mit gutem Charakter, zuverlässig, intelligent, meist berufstätig, in der Provinz oder auf dem Land lebend, beruflich an das Land gebunden, selbständige, herausragende Persönlichkeit.

*Ritter von Stab*
junger Mann, in Kleinstadt oder auf dem Land lebend, dunkelhaarig, guter Freund, unverheiratet, aus gutem Hause.

*Knappe von Stab*
dunkelhaariger Lehrling oder Student, gut erzogen.

## 2. Gruppe der **Becher**

*König von Becher*
Mann in den besten Jahren, verheiratet, guter Freund, in der Stadt lebend, Priester oder Richter, Anwalt, Arzt, Wissenschaftler oder Künstler.

*Königin von Becher*
Frau in den besten Jahren, unverheiratet, Liebende, Geliebte, Braut, Künstlerin, gute Freundin.

*Ritter von Becher*
blonder junger Mann, Freund oder Geliebter, Kollege, hilfsbereit, Künstler oder freiberuflich tätig.

*Knappe von Becher – auch 8 von Becher*
liebenswertes, blondes Mädchen.

## 3. Gruppe der **Scheiben**

*König von Scheibe*
Geschäftsmann, Reisender oder Händler, Kaufmann oder Bankier, dunkelhaarig.

*Königin von Scheibe*
geschäftstüchtige Frau aus dem Ausland oder außerhalb wohnend.

*Ritter von Scheibe*
Junger, dunkelhaariger Mann, Ausländer oder auswärts wohnend.

*Knappe von Scheibe – auch 8 von Scheibe*
dunkelhaariges Mädchen mit schlechten Umgangsformen.

## 4. Gruppe der **Schwerter**

*König von Schwert*
älterer Mann, leidenschaftlich, Witwer, Uniformierter, entweder im höheren Dienst oder Jurist.

*Königin von Schwert*
Frau mittleren Alters, attraktiv, tapfer, mutig.

*Ritter von Schwert*
junger, unverheirateter Mann, blond oder rothaarig, trägt Uniform, lebt über seine Verhältnisse.

*Knappe von Schwert*
sehr junger Mann, Lehrling oder Schüler, hellhaarig.

**Blitzschnelles Finden der persönlichen Karte**
nach dem optischen Erscheinungsbild des Fragenden (sofern Sie die Person zum ersten Mal sehen und ihren Hintergrund nicht kennen)

| | |
|---|---|
| Junges Mädchen, blond bis brünett | 8/Becher |
| Junges Mädchen, braunhaarig bis schwarz | 8/Scheibe |
| Junger Mann, blond bis brünett | Ritter/Becher |
| Junger Mann, braunhaarig bis schwarz | Ritter/Scheibe |
| Frau, blond bis brünett | Königin/Becher |
| Frau, braunhaarig bis schwarz | Königin/Scheibe |
| Mann, blond bis brünett | König/Becher |
| Mann, braunhaarig bis schwarz | König/Scheibe |

**Farbdeutung**
Die Frage, *welche Farbe dominiert,* sollten Sie sich stellen, wenn mindestens 7 Karten ausgelegt sind. Haben Sie

- überwiegend Herzkarten, so dominiert im Leben des Fragenden der Bereich des Gefühls und der Liebe;
- überwiegend Scheiben, so tut sich beruflich zur Zeit viel; mit Widerständen, aber auch Aufschwung, ist zu rechnen;
- überwiegend Stäbe, so stehen dem Fragenden Wechsel und Veränderungen bevor, aber auch Chancen und Erfolg;
- überwiegend Schwertkarten: Schwierigkeiten und Hindernisse säumen den Lebensweg; die Verwirklichung von Plänen ist im Augenblick erschwert.

# Das Legen der Karten

Es gibt unzählige Methoden, die Karten zu legen. Viele sind seit Jahrhunderten dieselben geblieben, viele neue Methoden sind im Laufe der Zeit dazugekommen. Jeder Kartenleger, jede Kartenlegerin hat seine/ihre spezielle Methode, je nach Einfallsreichtum, persönlichen Erfahrungen, aber auch entsprechend der Persönlichkeit des Wahrsagers.

Sie können mit 22, 56 oder 78 Karten in die Zukunft schauen. Wählen Sie, je nach Art und Größe des Fragenkomplexes, die dazu entsprechenden Karten. Je weniger Karten Sie für die Befragung verwenden, desto mehr Bedeutungen müssen Sie aus jeder einzelnen Karte lesen. Wenn Sie alle 78 Karten befragen, haben Sie die größten Chancen für umfassende und gute Zukunftsprognosen.

## Allgemeine Regeln

- Auch hier gilt: Keine Regel ohne Ausnahme.
- Auslegen und Lesen der Karten von rechts nach links.
- Wenn Sie in kleinen Häufchen auslegen, immer verdeckt, das heißt, das Kartenbild muß nach unten schauen.
- Bei Kartenhäufchen unbedingt die Reihenfolge nach dem Erscheinen der Karten einhalten: Die unterste und erste Karte ist immer die Ausgangskarte.
- Alle Karten, auch die nicht zum Wahrsagen verwendeten, übersichtlich auf dem Tisch ausbreiten.
- Nehmen Sie keine Karte und keinen Kartenstapel vom Tisch, solange die Befragung nicht beendet ist.

Im folgenden beschreiben wir verschiedene Auslegemethoden (Die Deutung der Einzelsymbole finden Sie ab Seite 47 ff.)

## I. Einfache Auslegearten für einfache Deutungen mit den 56 Karten der Kleinen Arkanen

### 1. Auslegen mit 4 Karten

Ordnen Sie die 56 Karten nach Gruppen zu je 14 Karten und wählen Sie die für Ihre Befragung zuständige Kartengruppe aus (siehe Seite 21), nachdem Sie die Personenkarte entfernt und in die Tischmitte gelegt haben. Lassen Sie das Päckchen mit 14 – oder, wenn die persönliche Karte aus dieser Gruppe entnommen wurde, mit 13 Karten – verdeckt auf dem Tisch liegen. Der Fragende wählt daraus nach Belieben der Reihe nach 4 Karten aus, indem er sie nach Laune *mit der linken Hand* hin und her schiebt.

Legen Sie die Karten der Reihe nach und Stück für Stück aus, (wie in der folgenden Abbildung dargestellt).

*Die erste* kommt offen links neben die persönliche Karte. Es ist die Karte für positive Aussagen. Alles, was mit dieser Karte in Zusammenhang gebracht werden kann, ist zu bejahen und zu akzeptieren.

*Die zweite* Karte, rechts neben der persönlichen Karte, gibt Warnungen ab. Sie sieht Gefahren, die auf den Fragenden lauern. Sie spricht ein ganz klares *Nein:* Das soll der Fragende nicht tun.

*Die dritte* Karte, die wir quer oberhalb der Personenkarte auslegen, wägt die Aussagen der Karten 1 und 2 in Verbindung mit der Personenkarte ab.

*Die vierte* Karte kommt direkt unter die Personenkarte. Ihre Aussage bildet die Schlußfolgerung aus allen 4 Karten und somit ein abschließendes Urteil aller Aussagen zu der gestellten Frage.

**Eine andere Deutungsmethode** zu derselben Kartenkombination:

Karte 1 – macht Aussagen über die Probleme, Wünsche und Hoffnungen des Fragenden;

Karte 2 – gibt Auskunft über die nahe Zukunft des Fragenden;

Karte 3 – zeigt Ereignisse auf, die in ferner Zukunft eintreten werden;

Karte 4 – sorgt für Überraschungen in jeder Form. Sie deckt Ereignisse auf, die ohne Vorankündigung kommen und mit deren Eintritt niemand rechnet.

Jede Aussage dieser 4 Karten steht in direkter Verbindung zur persönlichen Karte.

**Tip:** Beobachten Sie schon während des Auslegens, ob in dem Kartenbild ein Sinn erkennbar ist. Aber behalten Sie Ihr Wissen vorerst für sich.

## 2. Auslegen in 2 Reihen

Die 56 geordneten Karten mischen, abheben lassen und von unten abzählen: *Jede 9. Karte* wird ausgelegt, und zwar als Karte *eins* die 9. Karte, als Karte *zwei* die 18. Karte, als Karte *drei* die 27. Karte, als Karte *vier* die 36. Karte, als Karte *fünf* die 45. Karte und als Karte *sechs* die 54. Karte. Karte 1, 2 und 3 legen Sie in einer senkrechten Reihe untereinander, Karte 4, 5 und 6 links oben beginnend neben die bereits aufgelegten Karten. Es stehen sich jeweils 2 Karten, die in ihrer Symbolik miteinander verbunden sind, gegenüber (siehe Abbildung).

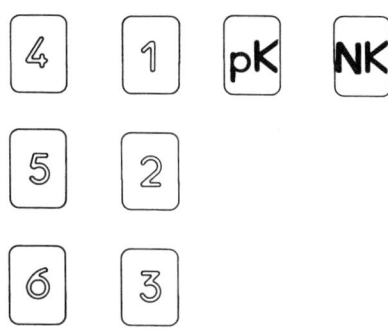

Erscheint die Personenkarte bereits während des Auslegens, so kommt sie außerhalb der Zweierreihe rechts oben neben Karte eins. Erscheint die persönliche Karte nicht, so muß sie gesucht werden. Dabei wird jede Karte des restlichen Kartenpacks – ohne nochmals zu mischen – umgedreht. Die vor der persönlichen Karte befindliche Nachbarkarte, die deren freiwilliges Erscheinen verhindert hat, wird rechts neben die persönliche Karte gelegt und in die Aussage mit einbezogen.

Lesen Sie jetzt:
a)  das Orakel, das Sie vom gesamten Bild erhalten;
b)  jede einzelne Karte getrennt;
c)  indem Sie den Sinn der beiden gegenüberliegenden Karten kombinieren;
d)  deuten Sie die Aussagen der Karten 3 und 6 als Vergangenheit;
e)  die Aussagen der Karten 2 und 3 als Gegenwart;
f)  die Aussagen der Karten 1 und 4 als Blick in die Zukunft.

## 3. Auslegemethode für allgemeine Fragen

Karten mischen, abheben, Personenkarte suchen und auf den Tisch legen, alle anderen Karten der 56 Kleinen Arkanen verkehrt auf dem Tisch ausbreiten. Der Ratsuchende wählt daraus der Reihe nach 33 beliebige Karten aus, indem er jede einzelne Karte *mit der linken* Hand berührt. Davon bildet der Wahrsager 3 Päckchen zu je 11 Karten, die er verkehrt, eines neben dem anderen nach der Reihenfolge Ihrer Wahl, auf den Tisch legt. Der Fragende wählt eines der 3 Päckchen aus, indem er wiederum die linke Hand auf den von ihm gewählten Kartenstapel legt. Jetzt legt der Wahrsager die 11 Karten dieses Päckchens in Kreisform aus, und zwar links unter der Personenkarte beginnend und im umgekehrten Uhrzeigersinn fortfahrend.

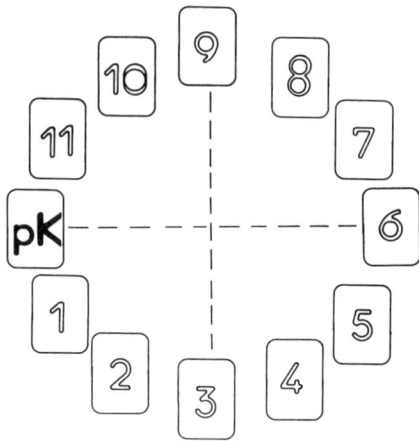

Deuten Sie
a)  das Kreisbild insgesamt,
b)  jede einzelne Karte, immer in Verbindung mit der Personenkarte,
c)  die sich gegenüberliegenden Karten pK mit 6 und 9 mit 3.

## 4. Soll ich oder soll ich nicht?

Eine der einfachsten Auslegemethoden.
Soll ich oder soll ich nicht? Gelingt es oder gelingt es nicht? Dieses Orakel gibt Antwort.

Karten ordnen, mischen, abheben lassen. Aus den verkehrt auf dem Tisch liegenden Karten wählt der Fragende wahlweise 11 Karten. Karten der Reihe nach abnehmen, ein Päckchen bilden und verdeckt auf den Tisch legen. Bilden Sie noch zwei weitere Kartenpäckchen zu je 11 Karten, so daß jetzt 3 Kartenpäckchen zu je 11 Karten nach der Reihenfolge ihrer Wahl vor Ihnen liegen. Davon wählt der Ratsuchende eines aus, indem er es mit der linken Hand berührt. Die 11 Karten von rechts nach links auslegen. Das Gesamtbild dann Karte für Karte deuten. (Ein Beispiel zu dieser Methode finden Sie auf Seite 110.)

### 5. Blick in die Zukunft

Die 56 Karten der Kleinen Arkanen mischen, abheben, in 7 Päckchen zu je 8 Karten sortieren und offen in einer waagerechten Reihe auslegen (siehe Abbildung).

Deuten Sie jede obenauf liegende Karte zuerst einzeln und dann im Zusammenhang mit den übrigen Karten dieser Reihe. Heben Sie anschließend die obersten Karten von jedem Päckchen ab, und lesen Sie aus den jetzt aufliegenden 7 Karten dieser Reihe. Verfahren Sie so lange, bis Sie auch die letzte, unterste Kartenreihe interpretiert haben.

## II. Einfache Auslegeart mit den gesamten 78 Karten der Kleinen und Großen Arkanen*

### 6. Erbschaft: Ja oder Nein?

Karten ordnen, mischen, abheben, verdeckt auf die Tischplatte legen und nach Auswahl des Fragenden nacheinander 13 Karten aufnehmen. Fädeln Sie diese Karten der Reihe nach von rechts nach links in einer waagerechten Linie auf.

---

* auch »*Hohe* Arkanen« genannt

Erscheint die Eins von Schwert, so ist die Erbschaft sicher. Finden Sie in dieser Reihe zusätzlich 4 Zahlenkarten der Gruppe Scheiben, dann ist die zu erwartende Erbschaft besonders groß. Tritt das As (die Eins) von Schwert in dieser Reihe nicht auf, so suchen Sie nach der Ursache, indem Sie die Aussage der gesamten Reihe deuten.

## 7. Die große Beratung

Keine Frage aus dem täglichen Leben wird unbeantwortet bleiben. Die 78 Karten wahlweise 3mal, 7mal oder 13mal mischen, mit der linken Hand abheben lassen. Die unterste Karte des Kartenpackens einsehen und sich ihre Aussage merken: Sie ist für das gesamte Orakel von Bedeutung.

– Zählen Sie jetzt die untersten 6 Karten vom Kartenstapel ab, und legen Sie diese verdeckt in einem Päckchen rechts oben auf den Tisch.
– Zählen Sie die nächsten 6 Karten ab. Dieses Päckchen legen Sie wiederum verdeckt links neben Stapel 1.
– Die 6 weiteren Karten kommen links neben die bereits aufliegenden Kartenpäckchen.
– Verfahren Sie weiter so, zählen Sie noch viermal je ein Päckchen zu 6 Karten ab, und legen Sie diese immer links neben die schon verdeckt ausgelegten Kartenpäckchen, und zwar so lange, bis am Ende 7 Kartenpäckchen zu je 6 Karten in einer Linie vor Ihnen liegen (Abbildung).

– Nehmen Sie jetzt das erste ausgelegte Päckchen, nämlich das *äußerste rechte,* in die *linke* Hand und legen Sie die Karten, immer noch verdeckt, von rechts nach links in einer waagerechten Reihe aus.
– Dasselbe geschieht mit dem zweiten Päckchen, das jetzt am äußersten rechten Rand liegt. Legen Sie die Karten der Reihe nach unter die oberste, ausgelegte Reihe zu 6 Karten aus.
– Verfahren Sie so auch mit den übrigen Kartenpäckchen, bis Sie ein Kartenbild von 7 Reihen zu 6 verdeckt liegenden Karten vor sich haben (Abbildung Seite 31, oben).

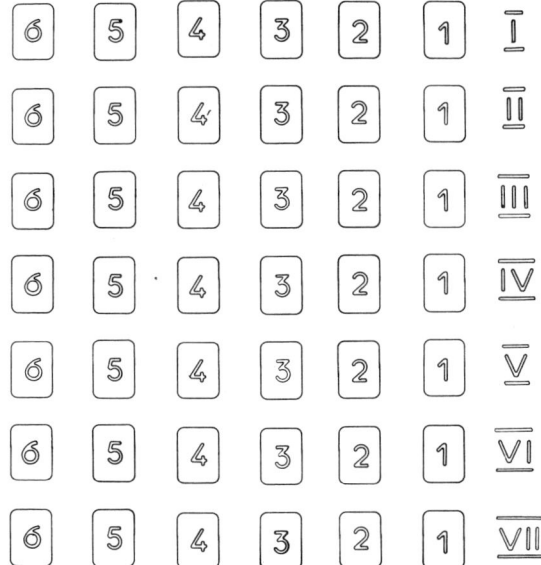

- Nehmen Sie von oben nach unten jeweils die äußerste rechte Karte (in Abbildung jeweils mit 1 bezeichnet), mit Bild nach unten liegend, auf, und legen Sie die Karten in einer *waagerechten* Reihe mit der *linken* Hand *von rechts nach links offen* aus.
- Auch die nächste äußerste senkrecht liegende Kartenreihe wird mit offenem Kartenbild der Reihe nach von rechts nach links unter die schon aufliegenden Karten gelegt.
- So verfahren Sie auch mit den letzten 4 Kartenreihen. Legen Sie die restlichen 28 Karten in 4 waagerechten Reihen aus.

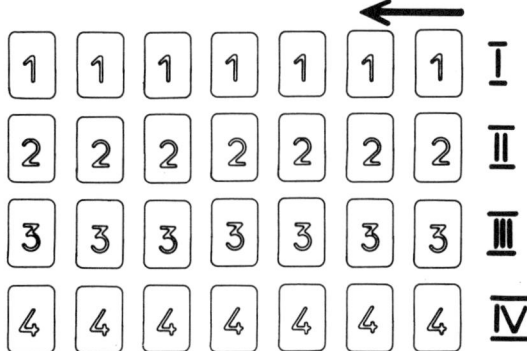

**usw.**

Ist dies geschehen, so prüfen Sie: Ist die Personenkarte bereits erschienen (siehe Seite 22 ff.)? Sie kommt rechts oben neben die erste Karte der Reihe. Ersetzen Sie die jetzt fehlende Karte durch eine beliebige andere aus den restlichen Karten.

Ist die Personenkarte noch nicht ausgelegt, so suchen Sie nach ihr im verbliebenen Kartenpack und legen Sie aus wie oben beschrieben.

Deuten Sie nun das gesamte Kartenbild sowie die Symbole der Arkanen in bezug zu ihrer Nachbarschaft mit anderen Karten und einzeln.

43 Karten liegen im Augenblick vor Ihnen. Sie fahren fort, indem Sie die restlichen 35 mischen, abheben,

*die ersten 7 Karten* abzählen und offen in einer waagerechten Reihe auslegen;

*dann 6 Karten* abzählen und darunter waagerecht auslegen;

*dann 5 Karten* abzählen und auslegen;

*anschließend 4 Karten* und zum Schluß *2 Karten* abzählen und auslegen, wie Sie es der Abbildung entnehmen können.

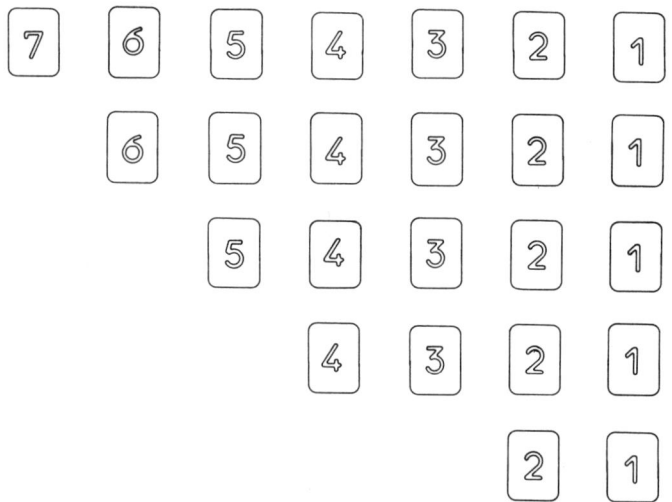

Und so lesen Sie aus den Karten:

Die 1. Reihe zu 7 Karten sagt alles aus über Haus, Haushalt, Heim und Zuhause im engeren und weiteren Sinn.

Die 2. Reihe zu 6 Karten spricht über die Person des Fragenden, offenbart seine Gedanken und Wünsche und sagt, was er tun will und was mit ihm geschehen wird.

Die 3. Reihe mit 5 Karten repräsentiert den Bekannten- und Verwandtenkreis sowie die Nahestehenden des Fragenden.

Die 4. Reihe mit 4 Karten informiert über kommende Ereignisse, gute und schlechte, freudige und traurige.

Die 5. Reihe mit zwei Karten sorgt für Überraschungen: Der Fragende hat etwas vergessen, das aber noch da ist und sich zu seinem Erstaunen positiv oder negativ weiterentwickelt.

Ist eine Frage unbeantwortet geblieben, oder ist noch etwas unklar, dann verfahren Sie so:

Die restlichen 11 Karten mischen, abheben und in einer waagerechten Reihe von rechts nach links auslegen. Deuten Sie zuerst das Kartenbild insgesamt und dann jede Karte einzeln.

✳

## 8. Die Überraschung

Die 56 Karten der Kleinen Arkanen mischen, teilen, die persönliche Karte zusammen mit der vorderen und hinteren Nachbarkarte aus dem Stapel nehmen.

1. Die persönliche Karte legen Sie offen auf den Tisch.
2. Die vordere Nachbarkarte legen Sie waagerecht über die Personenkarte.
3. Die hintere Nachbarkarte kommt quer unter die Personenkarte (Abbildung rechts).
4. Karten neu mischen, teilen, von oben abzählen: Die 10. Karte herausnehmen und als Karte 4 senkrecht unter die unterste Querkarte legen.

5. Wieder mischen, abzählen und die nächste 10. Karte links neben der soeben ausgelegten Karte als Karte 3 plazieren.
6. Mischen, abzählen und die 10. Karte als Karte 5 neben Karte 4 legen.
7. Mischen, abzählen, und diesmal die 15. Karte als Karte 6 in die Mitte über die oberste, waagerecht liegende Karte legen (siehe Lageskizze rechts).

## 9. Das Rad

Alle 78 Karten mischen, abheben;

Karte VIII der Großen oder Hohen Arkanen herausnehmen, wenn der Fragesteller ein Mann ist;

Karte I der Hohen Arkanen entfernen, wenn der Fragesteller eine Frau ist; Karte VIII oder I ist die persönliche Karte des Fragenden; nochmals abheben lassen und mit den ersten 11 Karten von oben nach unten eine senkrechte Reihe offen auslegen; mit den nächsten 11 Karten aus dem Kartenpack bilden Sie eine zweite Senkrechte in einigem Abstand links von der ersten.

Die nächsten 11 Karten werden in einer waagerechten Linie über die beiden senkrechten Kolonnen gelegt, entsprechend dem abgebildeten Schema.

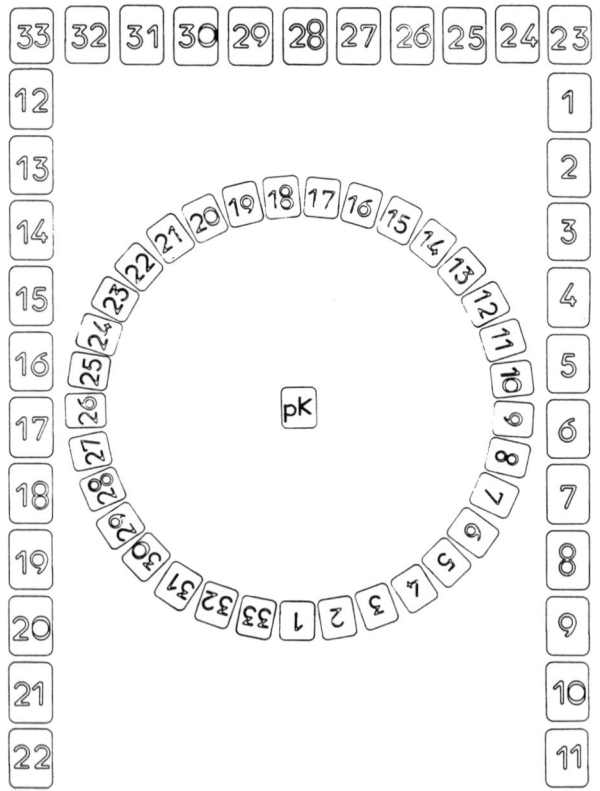

In dieser geometrischen Figur plazieren Sie die nächsten 33 Karten in Kreisform. Die restlichen 11 Karten werden nicht benützt. Setzen Sie jetzt noch die persönliche Karte in die Mitte des Kreises, wie es die Abbildung Seite 34 darstellt.

- Die 11 Karten der rechten Kolonne und die ersten 11 Karten des Kreises (1—11) geben über die *Vergangenheit* Auskunft.
- Die 11 Karten der oberen waagerechten Reihe und die nächsten 11 Karten des Kreises (12—22) sagen alles über die *Gegenwart* aus.
- Die 11 Karten der linken Reihe zusammmen mit den letzten 11 Karten des Kreises (23—33) lassen uns in die *Zukunft* schauen.

Lesen Sie *vergleichend,* immer eine Karte der Kolonne und eine des Rades deutend und abschließend die 11 Karten der Reihe den 11 Karten des Glücksrades gegenüberstellend.

Selbstverständlich bleibt die persönliche Karte in der Mitte des Kreises die wichtigste Karte, nämlich jene, die das gesamte Orakel dominiert. Deshalb müssen Sie beim Deuten vom Kreis aus, also von innen nach außen, gehen.

## 10. *Die drei Lebensabschnitte*

Sie halten bereit: ein Päckchen mit den 56 Karten der Kleinen Arkanen sowie das Päckchen mit den 22 Karten der Großen Arkanen. Jedes Päckchen getrennt mischen, abheben lassen und wieder getrennt auf den Tisch legen.

Nehmen Sie jetzt das Päckchen der Kleinen Arkanen in die Hand, heben Sie 12mal jede 4. Karte ab und legen Sie jede 4. Karte der Reihe nach, rechts außen beginnend, im Uhrzeigersinn so aus, daß sich 4 geometrische Figuren (Dreiecke) bilden. Das Schema erkennen Sie aus der Abbildung.

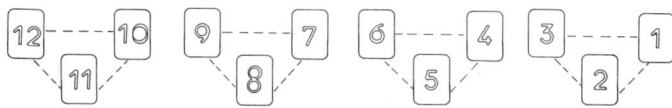

Nehmen Sie jetzt das Päckchen mit den 22 Großen Arkanen und lassen Sie den Fragenden 7 Karten ziehen. Diese 7 Karten mischen, abheben lassen, die ersten 3 Karten abheben und je 1 Karte so in die ersten drei Figuren (von rechts beginnend) einordnen, daß sich 4 gleichmäßig voneinander entfernte Punkte ergeben. Diese 4 Punkte würden, mit einer Linie verbunden, ein auf der Ecke stehendes Viereck bilden. Die restlichen Karten nochmals mischen, abheben, die unterste Karte entnehmen und die letzte Figur links außen vervollständigen.

Wenn Sie richtig ausgelegt haben, sehen Sie vor sich jetzt die abgebildete Figur:

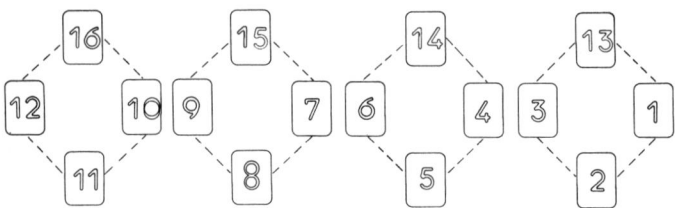

In die Mitte der 4 Kreise oder Vierecke geben Sie die persönliche Karte, die Sie wahrscheinlich gezogen und durch eine weitere Karte ersetzt haben. Wurde sie nicht gezogen, so muß sie gesucht und zusammen mit der vor ihr liegenden Karte (Nachbarkarte), die ihr Erscheinen verhinderte, in die Mitte der 4 Figuren gelegt werden.

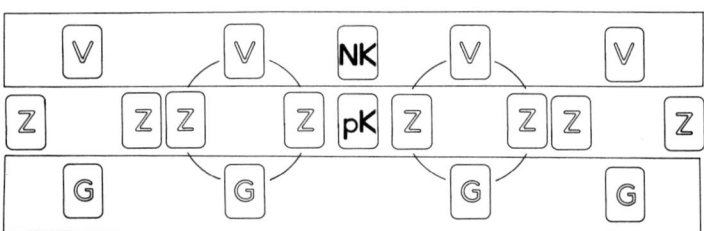

Wie auf dieser Zeichnung angegeben, sagt die oberste Karte über die Vergangenheit aus, die unterste Karte im Kreis über die Gegenwart, und die beiden sich in einer Linie gegenüberstehenden Karten geben über die Zukunft Aufschluß.

Legen Sie jetzt Ihr besonderes Augenmerk auf die beiden Mittelkreise, die die persönliche Karte umgeben, und fassen Sie das Orakel dieser beiden Kreise zusammen. Die persönliche Karte muß bei Ihrer Aussage immer im Mittelpunkt stehen.

Ziehen Sie anschließend eine geistige Linie zwischen allen Karten der Vergangenheit. Beginnen Sie mit dem Deuten bei der rechts außen liegenden Karte, beenden Sie links außen, und machen Sie abschließend einen Gesamtüberblick über die *Vergangenheit.*

Genauso verfahren Sie mit allen Karten, die Ihnen Einblick in die *Gegenwart* geben; und anschließend werden die Karten der *Zukunft* befragt. Zur Deutung der Zukunft stehen Ihnen 8 Karten zur Verfügung, während Sie für Vergangenheit und Gegenwart jeweils 4 Karten befragen können.

Ihr besonderes Augenmerk widmen Sie bitte den beiden direkten Nachbarkarten der persönlichen Karte.

✳

## 11. Das Liebesorakel

Alle 78 Karten ordnen, gut mischen, abheben lassen und verkehrt auf dem Tisch ausbreiten. Lassen Sie jetzt vom Fragenden der Reihe nach 10 Karten abheben. Die ersten 5 Karten rechts in einer Reihe senkrecht untereinander auslegen, die nächsten 5 Karten in größerem Abstand links davon in einer senkrechten Linie. Die Personenkarte des *Partners* zusammen mit dessen Vorderkarte seitlich links neben die rechte Kolonne und die persönliche Karte des *Fragenden* rechts neben die linke Reihe legen, wie es die Abbildung zeigt.

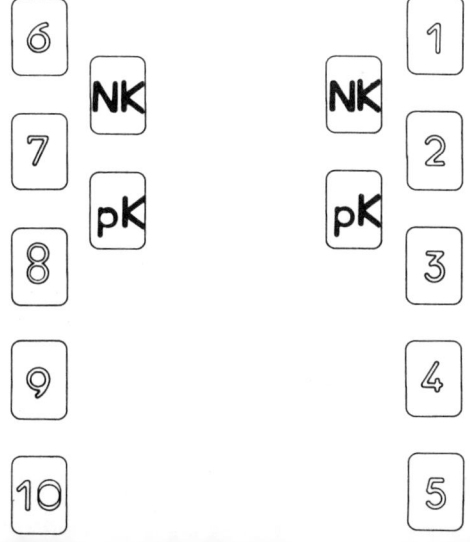

Das rechte Kartenbild betrifft den Zustand, die Wünsche und Möglichkeiten des *Partners;* das linke Kartenbild sagt über Gedanken, Wünsche und Probleme des *Fragenden* aus.

Mischen Sie anschließend die restlichen Karten noch einmal. Abheben und 3 Karten wählen lassen. Diese 3 Karten zwischen den beiden untersten Karten in einer Reihe auslegen (siehe Abbildung unten). Es sind die Karten, die über Unerwartetes und Überraschendes aussagen.

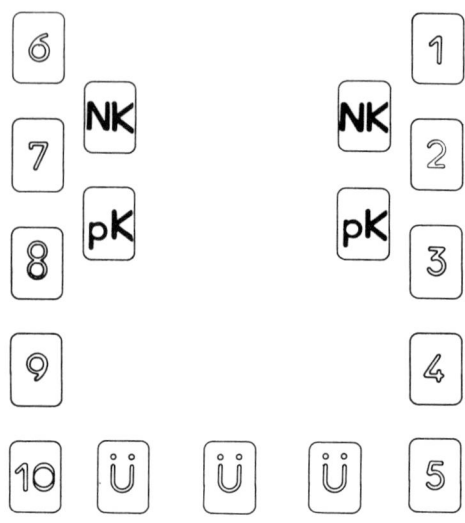

Wie die Deutung hier im konkreten Fall aussehen kann, erfahren Sie auf Seite 112 ff.

## III. Auslegen nach Art der Zigeuner

### 12. *Liebe – Familie – Zukunft*

mit den 22 Karten der Großen Arkanen

Karten mischen, abheben lassen. Die erste Karte in die Mitte legen – und mit den übrigen 21 Karten 7 Häufchen zu je 3 Karten bilden, die Sie im Kreis verdeckt um die Mittelkarte scharen (gemäß dem Schema der folgenden Abbildung).

Lesen Sie das Orakel. Nehmen Sie jetzt die erste Karte jedes Päck-
chens auf, indem Sie mit dem ersten Kartenpäckchen oben in der
Mitte beginnen, und breiten Sie die 7 Karten in einer waagerechten
Reihe von links nach rechts offen aus.

*Diese erste Kartenreihe* ist das Orakel für alle Herzenssachen. Formen Sie mit der nun obenauf liegenden Karte jedes Päckchens eine
*zweite Reihe*, das Orakel für alle familiären Angelegenheiten. *Die
dritte und letzte Reihe* (siehe Abbildung unten), die Sie mit den
übrigen Karten bilden, ist das Orakel über die Zukunft.

Auf Seite 115 ff. stellen wir eine mögliche Konstellation dieser Art
vor und geben Ihnen ein Deutungsbeispiel.

## 13. Kein Problem

mit den 78 Tarotkarten

Ordnen, mischen, abheben lassen, 12 Päckchen bilden – und zwar:
die ersten 6 Päckchen mit je 7 Karten, die weiteren 6 Päckchen mit
je 6 Karten. Legen Sie jetzt der Reihe nach jedes Päckchen, das aus
7 Karten besteht, in einer senkrechten Linie offen aus, und zwar

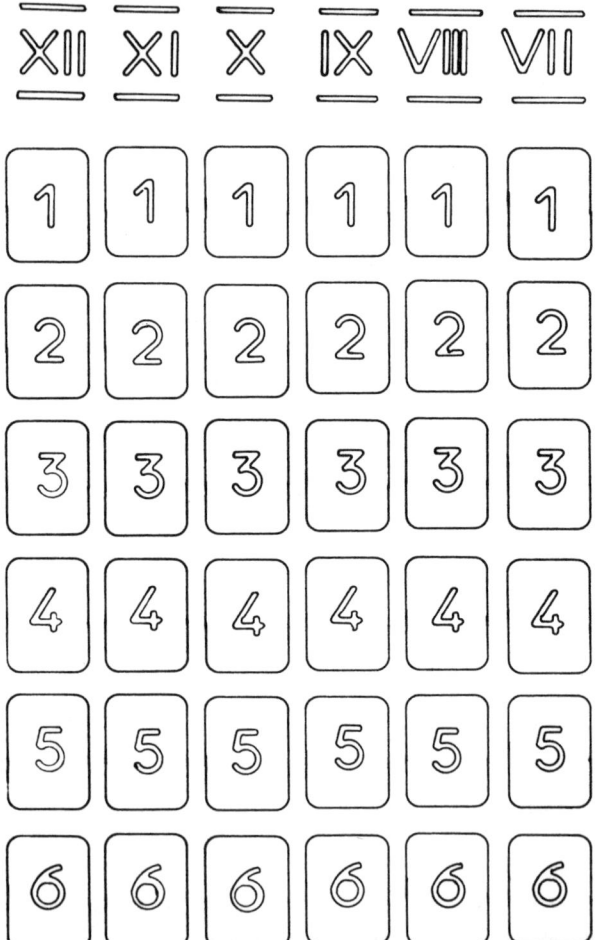

rechts außen beginnend. Das zweite Päckchen aus 7 Karten legen Sie von oben nach unten, Karte für Karte, neben die Karten des ersten Päckchens. Daneben legen Sie wiederum die Karten des dritten Päckchens von oben nach unten und so weiter, bis alle 6 Päckchen zu 7 Karten aufgeblättert sind. Fahren Sie jetzt fort mit den 6 Kartenpäckchen zu 6 Karten, nämlich Päckchen 1, 2, 3, 4, 5 und 6, bis Sie am Ende ein Kartenbild vor sich haben, das wir in unserer Doppelabbildung festhalten.

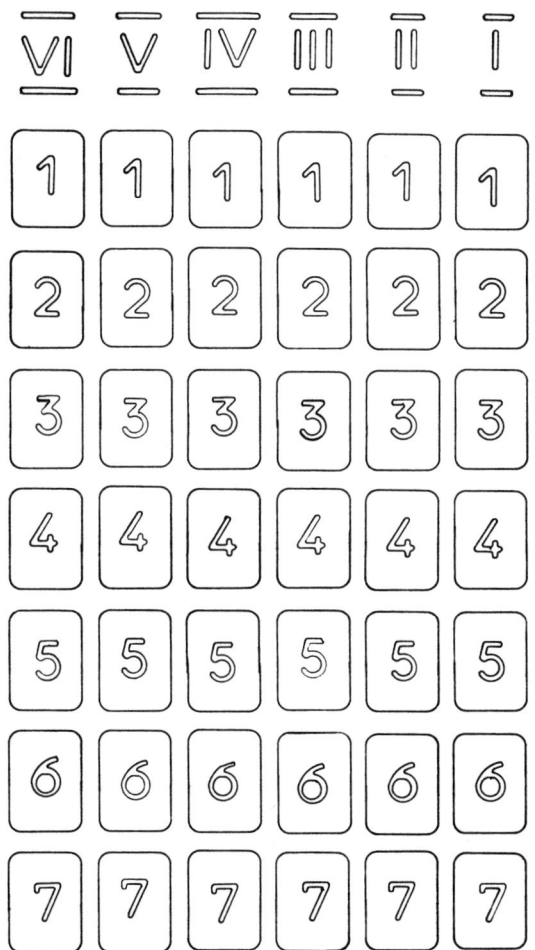

Mit dieser Legemethode läßt sich beinahe jedes Problem klar sehen und deuten, vorausgesetzt, Sie kennen die Bedeutung der einzelnen Kartenpäckchen, nämlich:

- Das erste Päckchen, d. h. die rechte Reihe mit den *Karten 1−7*, bedeutet den körperlichen Zustand, Temperament, Charakter und Lebensdauer des Fragenden sowie seine allgemeinen Eigenschaften und Gewohnheiten.

- Das zweite Päckchen, bestehend aus den senkrecht liegenden *Karten 8−14*, spricht über seine finanzielle Situation, seinen Beruf, seine geschäftlichen Aktivitäten, sein Vermögen, kurzum über alles, was in materieller Hinsicht zu dem Ratsuchenden Bezug hat.

- Die *Karten 14−21* des dritten Kartenpäckchens geben Auskunft über seine Familie.

- Im vierten Päckchen mit den *Karten 22−28* der senkrechten *Reihe* steckt das Wissen über unerwartete Gewinne und Einnahmen, z. B. Lottogewinn, Geschenke, Schenkungen, Erbschaften usw.

- Die *Karten 29−35* der vorletzten Reihe sind jene, die das Gefühlsleben des Fragenden betreffen: Liebe, Partnerschaft, Flirts, Geburt, Schwangerschaft, Kinderzahl – alles, was sich um die Liebe dreht.

- Die folgenden Karten sagen über Krankheiten aus, ihre Behandlung und Heilungschancen.

- Das nächste Päckchen gibt Auskunft über Freundschaften und intime Beziehungen.

- Das achte Päckchen bedeutet den Tod.

- Alles über Beruf, Handwerk, Kunst, Wissenschaften sagt das nächste Päckchen.

- Alles, was mit Behörden zu tun hat, offenbaren die Karten des zehnten Päckchens.

- Mitleid und Barmherzigkeit, Güte, Milde, Freundschaft und alle hohen und edlen Gefühle sprechen in den Karten von Päckchen elf.

- Über alle negativen Gefühlsäußerungen, nämlich Bosheit, Haß, Neid, Verfolgung, Kummer und Enttäuschung sowie über Unglück aller Art äußern sich die Karten des allerletzten Päckchens.

Beachten Sie folgendes für Ihre Aussage:

1. Gehen Sie auf den Kern des Problems ein!
2. Sehen Sie sich die Begleitumstände an und alles, was zu diesem Problem geführt hat!
3. Suchen Sie in den Karten nach einer Lösung!
4. Warnen Sie, indem Sie auf kommende Ereignisse aufmerksam machen!

# Das Deuten der Karten

Das Deuten der Karten mit Hilfe der Intuition ist ein großes Geheimnis der Wahrsagekunst und nur möglich durch regelmäßige intensive Vertiefung in die einzelnen Bildsymbole. Das richtige Deuten erfordert außer Übung tiefe Konzentration in das Kartenbild und die ausgelegten Karten.

Nehmen Sie jedes Bild ganz in sich auf, betrachten Sie es lange und sorgfältig, bis die Intuition erfolgt: Sie sollten »mit dem inneren Auge sehen«. Jede Karte hat einen ganz besonderen Gehalt. Bevor Sie überhaupt an die Deutung eines Kartenorakels herangehen, muß ihr erstes Ziel sein, die tiefe Aussage jeder einzelnen Karte kennenzulernen und zu verstehen. Beginnen Sie mit der einfachen Methode des Kartenlegens und steigern Sie langsam Ihr Können. Wenn Sie alle Karten gleich offen auslegen, haben Sie einen guten Überblick über alle Karten. Sie gewinnen den ersten Eindruck im Zusammenhang mit allen Karten und können dann mehr Symbole (bis zu 7 Karten) zu einer Aussage zusammenfassen.

Lassen Sie sich vor dem Orakelspruch Zeit. Gehen Sie langsam von Karte 1 bis Karte 56 oder 78, fassen Sie erst anschließend zusammen.

Prüfen Sie, ob sich mehrere oder besonders viele Karten finden, die sich in dieselbe Gruppe einordnen lassen. Sind Gegenkarten vorhanden? Wieviel?

Gehen Sie nach der ersten Aussage die Karten noch einmal durch: Wovor wollen sie warnen? Lesen Sie besonders in den letzten Karten, die über Gegenwart und Zukunft aussagen.

Deuten Sie die verkehrt liegenden Karten nicht zu negativ, und verlieren Sie nicht den Überblick. *Allzu Negatives sollten Sie in Warnung abschwächen.*

Wenn etwas nicht deutlich sichtbar wird, fragen Sie. Durch ein Minimum an Wissen ist eine bessere Deutung möglich.

Beseelen Sie die Bilder mit Gedanken, immer wieder, auch während der Beratung, damit sie deutlich zu Ihnen sprechen.

Die persönliche Karte ist und bleibt die Hauptkarte. Sie beherrscht die gesamte Deutung. Lesen Sie daher von der Personenkarte beginnend, und stellen Sie die anderen Karten gegenüber. Lesen Sie »vergleichend«.

Die Aussage einer Karte gewinnt oder verliert an Bedeutung, je nach ihrer Nähe zur persönlichen Karte.

Lesen Sie im allgemeinen von rechts nach links; doch keine Regel ohne Ausnahme: Bei Karten, die in einer Reihe aufliegen, bedeutet die äußerste rechte Karte die *Vergangenheit,* die mittlere die *Gegenwart* und die äußerste linke die *Zukunft.* Ist die Aussage im allgemeinen positiv, so bedeuten die Karten links und über den Hauptkarten die Widerstände, die überwunden werden müssen. Ist auch ein erfreulicher Ausgang zu erwarten, so behindern und erschweren diese Karten doch den reibungslosen Ablauf.

Alle Einsen (Asse) beeinflussen die Nachbarkarten. Sie bekräftigen entweder ihre Aussage oder schwächen sie ab.

(Drei Beispiele für das »Lesen« der ausgelegten Karten finden Sie ab Seite 110.)

# THEORIE

# Die Karten und ihre Bedeutung

## Die Großen oder Hohen Arkanen

Das Wort *Arkanen* kommt aus dem Lateinischen und bedeutet »Geheimnisträger«. Tatsächlich birgt jede Karte ein Geheimnis.

Tarot setzt sich aus 78 Karten, sogenannten Bildsymbolen, zusammen: aus den 22 Karten der Großen oder Hohen Arkanen und den 56 Karten der Kleinen Arkanen.

Die Großen Arkanen sind die bedeutungsvollsten Symbole der insgesamt 78 Tarotkarten. Was uns diese Karten enthüllen, ist gleichbedeutend mit der Wiedergeburt eines Wissens, das wir zwar immer schon besessen haben, das aber tief in uns schlummert.

Die Großen Arkanen, bestehend aus 22 Karten, numeriert von 0 bis XXI, begleiten das Leben eines Menschen von seiner Geburt bis über den Tod hinaus. Sie vermitteln reiches Wissen, tiefes Empfinden und halten für jeden, der sie zu »lesen« versteht, eine Fülle neuer Erkenntnisse bereit.

# Das sind die 22 Karten der Großen Arkanen*

| | | |
|---|---|---|
| O | Der Narr | *THE FOOL* |
| I | Der Magier | *THE MAGICIAN* |
| II | Die Hohepriesterin | *THE HIGH PRIESTESS* |
| III | Die Herrscherin | *THE EMPRESS* |
| IV | Der Herrscher | *THE EMPEROR* |
| V | Der Hohepriester | *THE HIEROPHANT* |
| VI | Die Liebenden | *THE LOVERS* |
| VII | Der Triumphwagen | *THE CHARIOT* |
| VIII | Die Kraft | *STRENGTH* |
| IX | Der Einsiedler | *THE HERMIT* |
| X | Das Rad des Lebens | *WHEEL OF FORTUNE* |
| XI | Die Gerechtigkeit | *JUSTICE* |
| XII | Der Gehenkte | *THE HANGED MAN* |
| XIII | Der Tod | *DEATH* |
| XIV | Der Ausgleich | *TEMPERANCE* |
| XV | Der Teufel | *THE DEVIL* |
| XVI | Der Turm | *THE TOWER* |
| XVII | Der Stern | *THE STAR* |
| XVIII | Der Mond | *THE MOON* |
| XIX | Die Sonne | *THE SUN* |
| XX | Das Gericht | *JUDGEMENT* |
| XXI | Die Welt | *THE WORLD* |

* Die klassischen Rider Waite Tarot-Karten der Großen Arkanen (die hier in diesem Band abgebildet sind) tragen englische Bezeichnungen, da die Karten erstmals Anfang des 20. Jahrhunderts in London veröffentlicht wurden.

## 0 DER NARR*

Ein junger Mann, »Narr« genannt, geht fröhlich und sorglos dem Abgrund zu. Mit offenen Augen geht er wie ein Blinder, ohne zu sehen, wohin er tritt. Er lebt in seinen Träumen und sieht seine Visionen, er hört auch nicht das Bellen seines Gefährten, der ihn auf die Gefahr aufmerksam macht. Er ist nicht nur blind, sondern auch taub und gefühllos für die Welt um ihn. Ein langer schwarzer Stab, den er auf dem Rücken trägt, scheint ihn zu führen. Ein Zauberstab? Seine schwarze Farbe signalisiert verborgene Kräfte. Das Bündel, das er mit sich trägt, ist klein. In ihm ist die Summe aller Erfahrungen, die er bisher auf seinem kurzen Lebensweg gesammelt hat. Er trägt nicht schwer an den von ihm gesammelten Lebensweisheiten.

Der Narr, der von immensen Kräften und grenzenlosen Möglichkeiten träumt, der das Himmelreich schon nahe glaubt und sich in Wahrheit immer mehr von der Sonne entfernt, ist das Symbol für Sinnlosigkeit und Torheit. So mancher Irrweg wartet auf ihn und so manches Leid, bis er ans Ende seiner Wanderschaft gelangt.

Die Karte bedeutet Melancholie, Ängstlichkeit, leichtes körperliches Unbehagen, Suche nach dem Unbekannten, Freude an Abenteuern, das Eintreten von Unerwartetem, Irrtum, Mißverständnisse, Verkennen der Situation, stures Verhalten, Beharren auf Fehlurteilen, mangelnde Urteilskraft, Extravaganz, Unordnung.

*Verkehrt ausgelegt* bedeutet sie Nachlässigkeit, Abwesenheit, Lieblosigkeit, Apathie, Eitelkeit, Sorglosigkeit.

THE FOOL.

---

* engl.: THE FOOL.

# I DER MAGIER*

Der Magier ist die bedeutungsvollste Karte aller 78 Arkanen und steht deshalb an erster Stelle nach der Karte O, dem Narren. Die Zahl I bedeutet Beginn, Anfang. Symbolisch stellt diese Karte Gott dar, das Universum und den Menschen. Der junge Mann, aufrecht hinter einem Tisch stehend, beeindruckt allein durch seine Haltung. Sein rechter Arm, in der Hand hält er einen Stab, zeigt ausgestreckt nach oben, während die linke Hand nach unten weist. Er sagt damit zweierlei aus: »Es ist alles so oben wie unten«, d. h. oben und unten gelten dieselben Gesetze, – und – »durch die Kraft der Konzentration wird unser Bewußtsein erweitert. Dadurch erlangen wir die Fähigkeit, alles das zu begreifen und auszusprechen, was an der Schwelle des Bewußtseins liegt.«

Die Farbe seines Mantels ist rot. Es ist die Farbe der Tat, während das Weiß seines Kleides Meditation und Verinnerlichung bedeutet.

Der Magier personifiziert Aktivität, Kraft und Selbstbewußtsein. Sein konzentrierter Wille wird durch den Stab dargestellt. Das Zeichen über seinem Kopf, ähnlich einer liegenden Acht, ist das Zeichen für das Unendliche. Die Zahl 8 ist das Symbol für fortgesetzte Schöpfung und Erneuerung. Die Gegenstände auf dem Tisch erkennen wir wieder als Stab, Becher, Scheibe, Schwert.

Der hier dargestellte Mensch ist auf der Suche nach der geistigen Wahrheit. Ein Mensch, der seine ganze Energie einsetzt, um dieses Ziel zu erreichen. Die Karte des Magiers versinnbildlicht Göttlichkeit, geistige Tätigkeit, Meditation und reine Gedanken.

*Wird diese Karte als erste ausgelegt,* so bedeutet es göttlichen Schutz, Glück und Erfolg. Entsprechend den übrigen Karten verheißt sie eine Änderung der derzeitigen Situation mit gutem Ausgang. Sie bedeutet Güte, Bescheidenheit, Kreativität bis zur Genialität, Weisheit und Selbstbewußtsein, Geduld, Überlegenheit und konzentrierten Willen.

*Die Karte des Magiers kann die Person des Fragenden darstellen.*

*Verkehrt ausgelegt* bedeutet sie Unruhe, Unsicherheit, falschen

---

* engl.: THE MAGICIAN.

Einsatz der Energie, Krankheit, Enttäuschung, Unentschlossenheit, fehlendes Selbstbewußtsein.

*Sie warnt vor* Lügen Großsprecherei, Verschlagenheit, Betrügern und Gaunern.

## II DIE HOHEPRIESTERIN*

Sie personifiziert das Unterbewußtsein, symbolisch als Frau dargestellt. Die Zahl 2 bedeutet Duplizität, Reproduktion, Opposition, Fortsetzung. Sie ist die passive Kraft, die Macht des Gedächtnisses. Am Tempeleingang zwischen zwei Säulen sitzend – einer hellen, die das Positive, und einer dunklen, die das Negative symbolisiert – hält sie eine Schriftrolle, das Buch Thot (Tora), auf dem Schoß. Das Studium der in diesem Buch gelehrten Weisheit bringt innere Erleuchtung und tiefes Verständnis für die höhere Wahrheit.

Ihr Mantel ist blau, die Farbe der Nacht und des Wassers. Zu ihren Füßen liegt der aufgehende Mond. Auf ihrem Kopf trägt sie eine gehörnte Krone, den zunehmenden und den abnehmenden Mond.

---

* engl.: THE HIGH PRIESTESS:

Das bedeutet: Rhythmus ist das bedeutendste Prinzip ihrer geistigen Aktivität. Sie ist die Frau, die erhält, bewahrt und alles das reflektiert, was ihr vom Schöpfer gegeben wurde. Ihre Macht ist das Gedächtnis.

Die Karte bedeutet in höherem Sinne mütterliches Prinzip. Scharfsinn in Verbindung mit Güte und Verständnis, Mitleid, Bescheidenheit, Geduld und Weisheit, aber auch Geheimnis, Rätselhaftigkeit, Ruhm, verhüllte Zukunft.

*Die Karte der Hohepriesterin kann die Frau des Fragenden darstellen oder die Frau, die den Fragenden interessiert.*

*Verkehrt ausgelegt* bedeutet sie Leidenschaft, impulsives Handeln, Übereifer auf jedem Gebiet, hitzige Diskussionen, Feuer und Blitz im übertragenen Sinn, Zorn, aber auch Kurzsichtigkeit und oberflächliches Wissen.

*Sie warnt vor* Falschheit, bösen Absichten, Rachsucht, Fanatismus.


## III  DIE HERRSCHERIN*

Sie symbolisiert die alles durchdringende Lebenskraft, den Geist, der in allen lebenden Formen verkörpert ist. Sie ist die fruchtbare Mutter von allem, was wächst, gedeiht und lebt.

Auf dem Thron sitzend, hält sie in der rechten Hand das Zepter zum Zeichen der Kontrolle über die Natur und die allgemeine Fruchtbarkeit. Zu ihren Füßen ein blühendes Kornfeld, im Hintergrund das Wasser des Lebens. Neben ihr ein Schild mit dem Symbol des Planeten Venus. Die Tiara mit den 12 Sternen auf ihrem Kopf, den 12 Sternbildern des Tierkreises, weist sie aus als Herrscherin über das Universum. Sie ist die Königin des Lebens, die Mutter alles Seienden, Symbol für körperliche und moralische Kraft, für Aktion, Initiative, Fruchtbarkeit.

Diese Karte bedeutet Glück, Erfolg, kritischen Geist, Charakterfestigkeit, Durchsetzungsvermögen, Mut, Liebe und Güte sowie Fruchtbarkeit, Reichtum, Familienzuwachs; aber auch Schwierigkeiten, Zweifel, Unkenntnis, das Unbekannte, Heimliche.

---

* engl.: THE EMPRESS.

*Ist die fragende Person eine Frau, so bezieht sich alles, was diese Karte aussagt, auf die Familie.*

*Verkehrt ausgelegt* bedeutet die Karte Differenzen mit Freunden, Unstimmigkeit, Verwicklungen, Trennung.

*Sie warnt vor* Luxus, Oberflächlichkeit, Eitelkeit.


## IV DER HERRSCHER*

Der Herrscher führt den Tierkreis mit dem Widder ein; deshalb ist sein Thron mit 4 Widderköpfen geschmückt. Er trägt wie die Herrscherin eine Krone. Damit manifestiert er die Mitherrschaft über das ganze Universum. Er ist nicht nur ihr königlicher Gefährte, sondern auch ihr Partner im Schöpfungsakt. Der große Architekt des Universums, bekannt als »die schöpferische Intelligenz«, dominiert das gesamte Weltgeschehen. Sein rechter Arm zeigt einen blauen Ärmel. Die blaue Farbe sagt aus, daß der weibliche Teil des Bewußtseins in seinen Handlungen ebenfalls eine große Rolle spielt. Der ägyptische Lebensanker, den der Herrscher in seiner rechten Hand hält, hat Ähnlichkeit mit dem Zeichen der Venus und bringt uns in Gedanken das Bild der Herrscherin zurück. Der orangerote Hintergrund zeigt die Sonne in voller Energie. Der Herrscher versinnbildlicht das männliche Prinzip.

*Wer einen bestimmten Plan verfolgt, braucht zum Gelingen diese Karte.*

Die Karte bedeutet Männlichkeit, Stärke, Stabilität, Macht, Gerechtigkeit, Energie, Langmut, Schutz, Barmherzigkeit, Beständigkeit, Autorität, Ehrgeiz, geborene Führungsperson.

*Verkehrt ausgelegt* bedeutet sie Mitleid, Verwirrung beim Gegner, Entgegenkommen, Kredit, Unruhe, Ungeduld, Herrschsucht, Streitsucht, Schwäche, Unbarmherzigkeit, Ungerechtigkeit.

*Sie warnt vor* Schmeichelei, Heuchelei, Brutalität.

---

* engl.: THE EMPEROR.

# V DER HOHEPRIESTER*

Dem Hohepriester wird die Gabe der Intuition zugeschrieben. Er ist der Lehrer der Mysterien. Das Wissen, das er weitergibt, ist das Verstehen der Prinzipien und der Gesetze, die das Universum und unser Leben regieren. Um diese Lehre weiterzuvermitteln, benötigt der Hohepriester kein Buch wie die Hohepriesterin. Seine Einweihung geschieht praktisch und mündlich.

Der Hohepriester trägt kirchliche Kleidung. Seine Krone besteht aus 3 Teilen. Sie bedeuten »Das Göttliche«, »Das Intellektuelle« und »Die physische, materielle Welt«. Der goldene Stab, den er in Händen hält, unterstreicht mit seiner dreiteiligen Krone seine Herrschaft über die Sonnenkraft des Lichts, enthalten und wirksam in der sich immer neu gestaltenden schöpferischen physischen Welt. Die zwei Säulen neben ihm, Gesetz und Freiheit, lassen uns die Wahl, in welche Richtung wir gehen wollen. Die Möglichkeit, unserem Ziel näherzukommen, hängt von unserer Entscheidung ab. Zwei Priester lauschen kniend den Worten des Hohepriesters. Der rechts kniende Geistliche trägt einen blauen Mantel mit weißen Lilien. Er personifiziert unseren Intellekt, während der Priester neben ihm, der ein Gewand mit roten Rosen trägt, unsere Wünsche darstellt. Die Wünsche und der Intellekt erbitten Rat und Führung vom geistigen Lehrer. Zwei Schlüssel liegen vor dem Hohepriester bereit. Er kann das Tor öffnen und die Geheimnisse über Himmel und Erde preisgeben.

*Diese Karte kann den Mann darstellen, den der Fragende um Rat und Hilfe bittet.*

Die Karte bedeutet Güte, Glaube, Inspiration, Intuition, Glück, Reichtum, Vergrößerung des Besitzes, gute Heirat, gute Verbindungen, Pflichtbewußtsein der Familie und den Freunden gegenüber.

*Verkehrt ausgelegt* bedeutet sie gutes Einvernehmen, Geselligkeit, Gesellschaft, aber auch Gefühlskälte, Schwäche, Habgier, Egozentrik.

*Sie warnt vor* Mißbrauch der erworbenen Fähigkeiten für negative Zwecke.

---

* engl.: THE HIEROPHANT.

## VI DIE LIEBENDEN*

Die Karte der Liebenden, auch Scheideweg genannt, ist die Karte der Wandlung und des Übergangs in einen anderen Zustand.

Die Karte zeigt ein Bild aus der Bibel: Adam und Eva werden aus dem Paradies vertrieben. Über ihnen der Erzengel Raphael mit weit ausgestreckten Armen. Das hebräische Wort Raphael bedeutet »der, der heilt«. Adam sieht Eva an, und Eva schaut auf den Engel Gottes, auf das Göttliche in uns, das immer da und immer bereit ist, uns beizustehen und über uns seine heilenden, heilsamen Kräfte auszubreiten. Hinter Eva der Baum der Erkenntnis, der reife Früchte trägt. Der Baum stellt wahres und falsches Wissen dar, Gut und Böse. Unser Wissen, die Qualität unseres Wissens lenkt uns und motiviert uns zu Handlungen, die entsprechend unserem Wissen richtig und weise oder falsch und verrückt sind.

Die Karte bedeutet Schönheit, Attraktion, Glück in der Liebe, Treue, Harmonie, Bereitschaft zur Kooperation, gutes Einvernehmen mit Personen des anderen Geschlechts.

*Mit schlechter Begleitkarte:* Verleumdung, Täuschung, aufkommende Hindernisse.

*Verkehrt ausgelegt* bedeutet sie Mißerfolg.

---

\* engl.: THE LOVERS.

## VII DER TRIUMPHWAGEN*

Der auf dem Triumphwagen Heimkehrende ist Eroberer auf beinahe jedem Gebiet, sei es Herr des Geistes oder der Wissenschaft oder des Willens. Auf manchen Gebieten kann er Fortschritte vorweisen. Trotzdem hat er die Prüfungen, um als »Eingeweihter« zu gelten, nicht bestanden. Sein Wissen steht in dieser Hinsicht auf einer niedrigen Stufe. Der Wagen ist Symbol für unseren eigenen einengenden, abhängigen und vergänglichen Körper. Der blaugestirnte Wagen zeigt die Schöpfung des Firmaments mit den Planeten und Sternenkonstellationen. Vier Säulen stützen den Himmel des Triumphwagens. Es sind die 4 Urelemente der Schöpfung.

Der goldene, 8zackige Stern auf dem Kopf des Triumphators demonstriert die Herrschaft der Seele über das Sonnenlicht. Die Mondviertel auf seinen Schultern, Tag und Nacht anzeigend, erinnern uns an das Gute und Böse sowie an das Schwankende unseres Wesens und unserer Gefühle. So ist der Triumphator ein Spiegelbild unseres Innersten. So wie wir uns von unseren 5 Sinnen leiten lassen, lenkt auch er den Wagen mit unsichtbaren Zügeln. Der Eroberer hat zwar erst das erste Stadium seiner Entwicklung erreicht und es liegt noch ein weiter Weg vor ihm. Er wird aber das Angestrebte – im Triumphwagen und triumphierend – erreichen.

Diese Karte gehört zum Mittelpunkt der Großen Arkanen. Sie bedeutet Sieg, Triumph, Hilfe, Schutz durch die Vorsehung, je nach Begleitkarten gute oder schlechte Nachrede, aber auch Krieg, Rache, Unruhe.

*Verkehrt ausgelegt* bedeutet sie schlechte Nachricht, familiäre Sorgen, Streit, Prozeß, Unreife, Unbarmherzigkeit, ungesunde Zustände, Unfähigkeit, schlechte Führung.

*Sie warnt vor* plötzlichen Angriffen des Gegners.

---

* engl.: THE CHARIOT.

# VIII DIE KRAFT*

Eine Frau im weißen Kleid der Unschuld öffnet und schließt das Maul eines Löwen ohne Anwendung von Gewalt, Schmerz oder Zauberkunst. Sie schöpft diese Kraft aus ihrer reinen Liebe. Der Löwe, zugleich mit dem Drachen ein uraltes Symbol für Sinneslust, bezeichnet hier die wilden, unbeherrschten Kräfte der Natur, die im menschlichen Unterbewußtsein wach liegen. Die Löwenbändigerin hat diese niedrigen Instinkte überwunden. So sollen auch wir unsere Leidenschaften beherrschen und unsere Gefühle lenken.

Die Karte bedeutet große moralische und physische Kraft, Erfolge, Siege, Tapferkeit, Großmut, Selbstdisziplin, Idealismus, Aktion, Ausgeglichenheit, Redlichkeit, Macht. Wünsche werden erfüllt; eine einflußreiche Person nimmt den Fragenden in ihren Schutz.

*Diese Karte wirkt auf die gesamte Aussage sehr positiv.*

*Verkehrt ausgelegt* bedeutet sie Verlust des Arbeitsplatzes, Mißbrauch der Macht, Tyrannei, Arroganz, Unbeherrschtheit.

*Sie warnt vor* Brutalität, Grausamkeit, Unfallgefahr.


# IX DER EINSIEDLER**

– auch »DER WEISE« genannt.

Der Einsiedler steht auf dem Gipfel eines Berges. Aufrecht und ruhig sieht er zurück; sein Blick geht nach unten. Diesen Weg hat er zurückgelegt, das alles hat er zurückgelassen. Er ist am Ziel angelangt.

Sein Licht ist die Laterne, die Erleuchtung des Göttlichen, das Licht der Seele. Er sieht mit ihr mehr als mit seinen Augen. Dieses Licht leuchtet ihm, während er unentwegt seiner höheren Entwicklung entgegenschreitet. Haltung und Kleidung drücken aus: »Ich habe dieser Welt den Rücken gekehrt. Ich will eine andere Welt entdecken.« Sollte er schwanken, dann richtet ihn sein Stab – Symbol für gesammeltes Wissen – wieder auf. Er ist nicht nur ein Weiser, er ist auch Wegweiser und Vorbild.

---

\* engl.: STRENGTH.
\*\* engl.: THE HERMIT.

**THE LOVERS.**

**THE CHARIOT.**

**STRENGTH.**

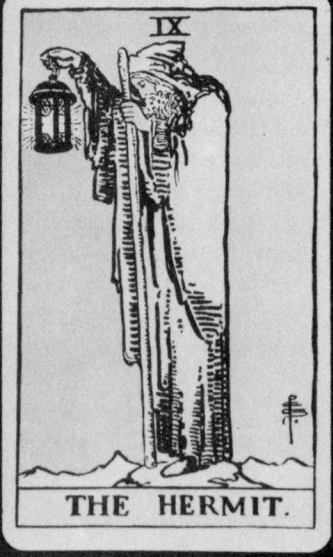

**THE HERMIT.**

Diese Karte bedeutet: Klugheit ist geboten! Gegen die fragende Person könnte eine Verschwörung vorbereitet werden. Auf alle Fälle umgeben sie Heuchelei und Täuschung. Die Lebensumstände sind allgemein ungünstig: Schwierigkeiten innerhalb der Familie, Ungerechtigkeiten, Gegner. Es gibt Personen, die dem Fragenden schaden wollen, daher sind Vorsicht und gesundes Mißtrauen ratsam. Weisheit, Vorsicht, Schweigen und Zurückhaltung sowie Überlegungen in aller Ruhe sind das Gebot der Stunde.

*Verkehrt ausgelegt* bedeutet die Karte Verleumdung, Prozeß, Angst, Unruhe, mangelndes Selbstbewußtsein.

*Sie warnt vor* Polizei, Versteck, Flucht.

## X DAS RAD DES LEBENS*

Diese Karte stellt das Prinzip der Bewegung, des sich immerwährenden Drehens dar, das gesamte Sein, das einem ununterbrochenen Schöpfungsakt unterliegt. Das Rad in immerwährender Bewegung symbolisiert die Bewegung und den Wechsel aller Dinge.

Der das gesamte Bild beherrschende Kreis, das Rad, ist in 3 Fächer aufgeteilt, die alle um einen gemeinsamen Mittelpunkt rotieren. Die drei Kreise stellen die universellen und die persönlichen Zyklen dar, die gleichzeitig auf allen Ebenen des Bewußtseins tätig sind. Der vom Mittelpunkt ausgehende Kreis ist achtfächrig. Die Zahl 8 bedeutet hier Wiedergeburt und Erneuerung der Persönlichkeit durch Erneuerung des Geistes. Praktisch angewendet: Erst wenn wir die Dinge sehen, wie sie wirklich sind, wird die Natur unsere Mitarbeiterin und verschwinden unsere Schwierigkeiten.

Der nächste Kreis stellt die dreifache Natur unseres Bewußtseins dar. Er ist mit 4 Symbolen aus der Alchemie gekennzeichnet, während der äußerste Kreis die stoffliche Welt der Sinnesempfindungen symbolisiert.

Der nach rechts aufsteigende rotfarbene Hermanubis, ein Gott aus der ägyptischen Mythologie, galt einst als Führer der Seelen auf ihrer Reise in die Unterwelt. Hermanubis dreht das Rad nach oben. Es ist immer dasselbe: der Fall des Bösen und der Aufstieg des Guten im ewig gleichen Rhythmus. Das Rad des Lebens sagt aber auch: wer oben ist, kann fallen, wer unten ist, kann aufsteigen. Die

---

* engl.: WHEEL OF FORTUNE.

vier geflügelten Figuren in den Ecken sind dieselben wie auf der XXI. Karte, der Karte der Welt (siehe dort). Sie lesen aus dem Buche der Weisheit.

Diese Karte zeigt deutlich das Auf und Ab des Lebens, zeigt die Notwendigkeit der Vertiefung in das Buch des Wissens und die daraus folgende Überwindung von Egoismus und Materialismus.

*Diese Karte hat eine sehr positive Aussage.*

Sie verweist auf positive Veränderungen im Leben des Fragenden und bedeutet Glück, Kraftentfaltung, Erfolg – besonders in geschäftlichen Angelegenheiten –, berufliche Beförderung, Geldeingang, unerwarteten Gewinn, Popularität, Prominenz, Vertrauensstellung, Reise ins Ausland.

*Verkehrt ausgelegt* bedeutet sie Reichtum, Überfluß, Wachstum, Vermehrung.

*Sie warnt vor* Unbeständigkeit des Schicksals, auch vor schlechtem Gesundheitszustand, Rastlosigkeit, Ungeselligkeit.

## XI  DIE GERECHTIGKEIT*

Die mit einer Krone geschmückte, auf dem Thron sitzende »Gerechtigkeit« trägt den roten Mantel der Aktion und ein grünes Cape der Fruchtbarkeit. Der rote Mantel sagt: Alle menschlichen Aktivitäten beginnen mit der Berechnung vorhandener Möglichkeiten, die im Abstrakten wahrgenommen werden. In der linken Hand hält die Figur die goldene Waage, in der rechten ein nach oben gerichtetes Schwert. Beides, Waage und Schwert, sind Symbole für Gerechtigkeit. Die Waage in der linken Hand, Sinnbild für ausgewogenes, gerechtes Urteil, fordert uns auf, in unser Urteil auch unsere Herzströme zu legen und mit Liebe zu urteilen. Menschliche Gerechtigkeit ist blind. Nur die göttliche Gerechtigkeit ist fähig, unparteiisch zu urteilen und zu beurteilen.

Die Ägypter waren nicht die einzigen, die glaubten, das Herz der Toten werde auf einer Waage mit einer Feder, dem Zeichen für Rechtschaffenheit, abgewogen. Das Herz durfte nicht schwerer wiegen als die Feder der Göttin der Gerechtigkeit. Erst dann war es der Geistseele erlaubt, bei den Göttern zu wohnen.

---

* engl.: JUSTICE.

Die Karte bedeutet Mut, Großmut, Erfolg, Redlichkeit, Gewinn in einer bestimmten Sache, Erfolg für alle, die im Recht sind, gerechte Entscheidung, Versöhnung mit zwei Gegnern.

*Verkehrt ausgelegt* bedeutet sie Enttäuschung, Uneinigkeit, Abhängigkeit, Mißbrauch der Macht, Blindgläubigkeit, Komplikationen oder Verlust in einer juristischen Sache, außergewöhnliche Härte bis Rücksichtslosigkeit.

## XII  DER GEHENKTE*

Ein junger Mann hängt mit dem Kopf nach unten an einem mit grünen Blättern geschmückten hölzernen Kreuz. Sein linkes Bein ist so hinter das rechte gelegt, daß beide Beine zusammen ein weiteres Kreuz bilden. Seine Hände sind hinter dem Rücken zusammengebunden und ergeben ein Dreieck. Diese Art des hölzernen Kreuzes bedeutet sowohl Herrschaft wie Sklaverei. Die grünen Blätter sagen aus: Alle menschliche Produktivität und die Sonderstellung des Menschen in der Natur basieren auf seiner Fähigkeit, sich zu begrenzen und anzupassen. Die Kreuzform seiner Beine bedeutet selbstgewähltes Opfer. Das Dreieck der Arme mit dem Strahlenkranz um den Kopf: Der göttliche Geist wohnt im Menschen.

Die Figur ist das Symbol des gewaltsamen, aber freiwilligen Todes, ein freiwilliges Opfer für eine Idee. Der goldene Schein, der seinen Kopf umgibt, zeigt deutlich seine geistige Aktivität und seine Hingabe an diese Idee, eine spezielle Art von Erleuchtung. Der Gehenkte hängt weitab von der Erde, denn er hat seine Vollkommenheit erreicht. Seine Seele ist von der Erde und von der Wiedergeburt befreit.

*Diese Karte ist sehr positiv.* Sie bedeutet gute Zeit für alle finanziellen Angelegenheiten, Aufopferung, Entsagung, Selbstlosigkeit, Überwindung, Befreiung aus einer sehr schwierigen Lage durch eigene Kraft, Klugheit, Umsicht, Umkehr, Einsicht, Opfer. Für Verheiratete: absolute Treue des Partners. Für kurz vor der Heirat Stehende: dauerhafte Verbindung.

*Verkehrt ausgelegt* bedeutet sie Ichbezogenheit, psychische Störungen, Wahrnehmungstäuschungen, Drogensucht, Partei, Politik.

---

* engl.: THE HANGED MAN.

# XIII DER TOD*

Der Tod reitet als Skelett in der Rüstung eines Ritters auf einem weißen Pferd in Richtung Sonnenaufgang. Diese Karte sagt nicht den physischen Tod voraus, sondern vielmehr Bewegung und Verwandlung, Zerstörung, der die Erneuerung folgt. Tod bedeutet Verwandlung. Der Körper wird abgelegt, und im selben Augenblick wird der Astralleib, die Geistseele, frei und beginnt ein Dasein auf höherer Ebene. Der in Bewegung dargestellte Schimmel zeigt Veränderung an. Er hat bereits einen König zu Boden getrampelt. Dasselbe Schicksal ereilt einen Bischof, eine Frau und ein Kind. Das Banner des Ritters, eine fünfblättrige Rose, symbolisiert die fünf Sinne: Alle unsere Wünsche haben ihren Ausgangspunkt in den fünf Sinnen. Der Mensch, der das Trügerische und die Illusion der materiellen Wahrnehmungen erkannt hat, weiß, daß sein wirkliches Zuhause in einer geistigen Welt ist.

*Diese Karte übt auf alle Nachbarkarten einen ungünstigen Einfluß aus.*

Die Interpretation dieser Karte ist schwierig, die Bedeutung von den Nachbarkarten abhängig. Anhaltspunkte: Die Karte prophezeit Wandlung, Wechsel, Übergang, privat wie beruflich, Verbesserung oder Heilung einer Krankheit, Trost, Fortschritt, Freiheit, Desinteresse an materiellen Dingen. Aber auch: Drang nach höherem Wissen, Widerwärtigkeiten, Verlust eines Gönners, Scheidung, Auflösung einer Verbindung. Traurige Ereignisse bahnen sich an.

*Verkehrt ausgelegt* bedeutet sie – immer mit Blick auf die Nachbarkarten: Schlaf, tiefe Ohnmacht, Verlust der Tatkraft, Zerstörung, Hoffnungslosigkeit, Lethargie, Schlafwandel; auch: Verdacht, Machtbesessenheit, Grausamkeit gegenüber Andersdenkenden.

*Sie warnt vor* augenblicklichen Unternehmungen in wichtigen Angelegenheiten.

---

* engl.: DEATH.

**WHEEL of FORTUNE.**

**JUSTICE .**

**THE HANGED MAN.**

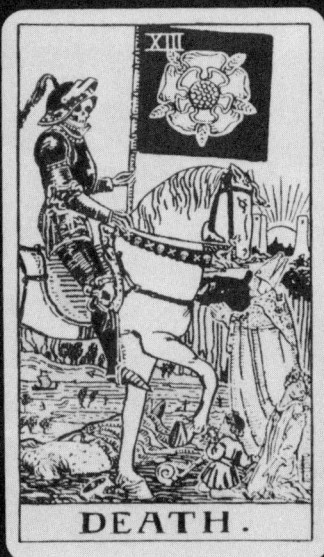

**DEATH .**

# XIV DER AUSGLEICH*

Diese Karte schließt an den Tod des alten Ich aus der Vorkarte an. Sie bedeutet geistige Wiedergeburt. Ein Engel gießt den flüssigen Inhalt eines Gefäßes in ein anderes um. Kein Tropfen geht dabei verloren. Diese Flüssigkeit ist die Essenz unseres Lebens, die zu neuem Leben zurückkehrt und dann erst, so wie der vom Wasser wegführende Weg, im Licht endet. Die goldene Scheibe auf der Stirn des geflügelten Wesens identifiziert es als den Erzengel Michael, den Engel der Sonne und des Feuers.

Diese Karte bedeutet unglückliche Verbindung, Streit mit darauffolgender Trennung. Die betreffende Person will auf 2 Hochzeiten zugleich tanzen. Unerwünschte Bekanntschaften, Kontakt mit Kirche oder Geistlichen, oberflächlicher Charakter.

*Verkehrt ausgelegt* bedeutet die Karte: es gibt eine Person, die dem Fragenden schaden kann. Wer es ist, zeigen die Nachbarkarten.

*Das Motiv warnt vor* Passivität, Faulheit, Leichtsinn, Unbeständigkeit.


# XV DER TEUFEL**

Das personifizierte Böse, von Christen und Juden »Teufel« genannt, ist das Ergebnis fehlerhafter und falscher Wahrnehmungen und daraus abgeleiteter falscher Schlußfolgerungen, das Ergebnis von Mißverständnissen und »Fehl«-Taten, die sich im Laufe der Menschheitsgeschichte angesammelt haben. Aber wir lernen durch unser Fehlverhalten, durch das sich daraus ergebende Leiden. Der sogenannte Thron des Teufels ist ein lächerlich kleines Podest, das schon beim geringsten Widerstand umkippen kann. Die daran geketteten Figuren, Mann und Frau, verkörpern Tugend und Laster. Jeder Mensch besitzt beide, das eine mehr, das andere weniger. Die Kette, mit der die Menschen an Satans Thron gebunden sind, hängt lose um ihren Hals und kann ihrem Willen entsprechend bewegt werden.

---

* engl.: TEMPERANCE.
** engl.: THE DEVIL.

Die Karte bedeutet Gewinn bei gerichtsanhängigen Streitigkeiten, aber auch Skrupellosigkeit der Gegner, Zorn, Verwüstung, Gewalt, Verhängnis, außerordentliche Anstrengung. Doch geht es am Ende meist besser aus als befürchtet.

*Verkehrt ausgelegt* bedeutet die Karte böse Vorahnungen, Gefahr, Verhängnis, Blindheit, Schwäche, Besessenheit, Gewalttätigkeit.

## XVI DER TURM*

Auch diese Karte baut auf die vorhergehende auf: Auf Bosheit und Lüge folgt das Gericht Gottes.

Diese Karte stellt die Vernichtung jener Menschen und aller durch sie geschaffenen Werke in den Vordergrund, die durch falsches Handeln den Zorn Gottes hervorgerufen haben. Der »Turm von Babel« wurde vom himmlischen Blitz getroffen und verbrannte. Wenn der Mensch seine Kenntnisse und Fähigkeiten verwendet, um damit Böses zu tun, wird er vernichtet.

Zwei Menschen stürzen aus dem Turm, der ihnen materielle Sicherheit bedeutete. Der Turm stellt auch das Gefängnis der Seele dar, das sie mit Ziegeln und Mörtel umschließt oder gar einbetoniert. In diesem kalten, für Licht und Luft kaum durchlässigen Gebäude kann weder Geist noch Seele wachsen und gedeihen. Durch die Turmfenster, klein wie ein Bullauge, kann nur ein dürftiger Schein Licht in das Dunkel bringen und den Horizont erweitern. Der Blitz – oder auch Schock –, die plötzliche Erleuchtung, hat Seele und Geist von einer selbstgeschaffenen Gefangenschaft befreit.

Zu beiden Seiten des Turms, oberhalb und unterhalb der Wolken, züngeln Flammen empor. Die 12 Feuerzungen auf der linken Seite stellen die 12 Tierkreiszeichen dar, während die 10 Flammen gegenüber symbolisch für die 10 Gedanken der Schöpfung stehen. Diese 10 Ideen, in einer ganz bestimmten Reihenfolge angeordnet, skizzieren den »Baum des Lebens« mit seinen unzähligen Ideen und Gedankenverbindungen. Die Bildsymbole der Tarotkarten sind davon nur ein kleiner Teil.

---

* engl.: THE TOWER.

*Insgesamt ist es eine Karte, die nichts Gutes prophezeit.*
Sie bedeutet nahende Katastrophe, finanziellen Ruin, harten Wettbewerb, Schock durch Verrat, eventuell Gefängnis, Verlust, Verleumdung sowie Enttäuschung, Not und Bedrängnis.
Suchen Sie die Ursachen dazu in den Begleitkarten.
*Verkehrt ausgelegt* bedeutet die Karte Größenwahn, Hitzköpfigkeit, Krankheit, materielle Ausbeutung, leere Hoffnungen, schlechten Ausgang eines Unternehmens.
Sind alle anderen Karten positiv, so will diese Karte nur warnen.
*Sie warnt:* Vorsicht bei Unbekannten, Zurückhaltung in allen Angelegenheiten ist geboten, Vorsicht vor Verwicklungen! Gehen Sie keine Wagnisse ein! Risiken vermeiden!

## XVII  DER STERN*

Eine nackte Frau kniet am Fluß. Sie gießt den Inhalt von zwei Krügen – die geistige Substanz des Menschen – in das Meer der Ewigkeit. Das Ende der Wiedergeburt ist erreicht, die Geistseele kehrt zu Gott zurück.
Die Seele des wahrhaft religiösen Menschen nimmt Abschied von der Welt der stofflichen Erscheinungen. Die Krüge werden geleert, die Seele kehrt zurück in den Strom der Unendlichkeit.
Der Stern der Hoffnung, die Verheißung eines neuen Anfangs und der Unsterblichkeit, überstrahlt und dominiert das Bild. Auf dem Baum sitzt ein Ibis, bei den Ägyptern ein dem Gott Thot geweihter Vogel, Symbol der Seele.
Herabfallende Sterne sind Zeichen der Hoffnung. Das bedeutet: Wünsche gehen in Erfüllung.
*Diese Karte gleicht die schlechten Prognosen der vorhergehenden Karte aus.*
Die Karte bedeutet allgemein günstige Bedingungen für Unternehmungen aller Art, Hoffnung und gute Aussichten, Lösung materieller Probleme in Sicht; Freunde verhelfen zu neuen, gewinnbringenden Aktivitäten. Bei schlechten Nachbarkarten: Enttäuschung, Zweifel.
*Verkehrt ausgelegt* bedeutet das Motiv Arroganz, Unvermögen, Hochmut, falsche Hoffnungen, Verluste, Unempfindlichkeit, Leichtgläubigkeit, Ausbeuten anderer.

---

\* engl.: THE STAR.

**TEMPERANCE.**

**THE DEVIL.**

**THE TOWER.**

**THE STAR.**

## XVIII DER MOND[*]

Ein Krebs kriecht aus dem Wasser auf trockenes Land. Er ist violettfarben und stellt das Bewußtsein auf der Anfangsstufe seiner Entwicklung dar. Solange der Geist des Menschen noch instinktgebunden ist, läßt er sich in keine feste Form bringen.

Der Mond beherrscht den Menschen, seine Psyche und sein Triebleben. Ein Hund und ein Wolf bellen den Mond an, der in allen seinen Phasen dargestellt ist. Hunde hatten bei den Ägyptern und Griechen eine besondere Bedeutung. So wurde z. B. eine mächtige griechische Göttin, deren Reich sich von der Erde über das Meer bis in den Himmel erstreckte, mit drei Köpfen dargestellt, wovon einer ein Hundekopf war. Die kleinen unterhalb des Mondes auf- und absteigenden Flammen, die Geistseelen, befinden sich auf ihrem Weg zwischen Erde und Mond. Die einen ziehen weiter himmelwärts, die anderen folgen dem Gesetz der Wiederverkörperung und müssen zurück zur Erde. Alle ziehen am Mond vorbei. Die zwei Türme im Hintergrund bilden das Tor und die Grenze für alles, was dahinterliegt. Eine neue Welt mit neuen Erkenntnissen schließt sich dem auf, der sich mit Mut und Überwindung auf diese Reise vorbereitet hat.

Die Karte bedeutet: Lange Reise mit Zwischenfällen, Hindernissen, die überwunden werden können, Opfer für eine Sache, die dem Fragenden am Herzen liegt, Tendenz, auf schlechte Kompromisse einzugehen, verborgene Gefahren, versteckte Gegner, Irrtum; aber auch große Kraft und Klugheit, die Gabe, Gefahren zu erkennen, unerwartete Freuden.

*Diese Karte nur im Zusammenhang mit Begleitkarten beurteilen!*

*Verkehrt ausgelegt* bedeutet sie Verrat, Feinde, Vorurteile. Der tiefste Punkt in materieller und finanzieller Hinsicht ist erreicht; es geht wieder aufwärts.

*Warnung:* Vorsicht bei Nachtfahrten! Eigene Projekte und Initiativen nicht ohne reifliche Überlegung angehen; mißtrauen Sie zur Zeit auch Ihren Gefühlen.

---

[*] engl.: THE MOON.

## XIX DIE SONNE*

Die Sonne gilt als Sinnbild des siegenden Geistes, aber auch des Friedens und der Erleuchtung. Sie leuchtet und erleuchtet mit ihren wärmenden Strahlen.

Ein unbekleidetes Kind reitet auf einem Schimmel, ohne Sattel und Zaumzeug. Es ist strahlender Sonnenschein. Das Kind, Symbol der Unschuld und der reinen Seele, ist auf der Suche nach der Wahrheit. In seiner linken Hand hält es das Banner der Freiheit. Es ist frei von materiellen Bindungen, frei von irdischen Ambitionen. Es reitet unbekleidet und unbeschuht, nackt und trotzdem ohne Scham, denn es hat nichts zu verbergen. Das Kind befindet sich noch in der sichtbaren Welt, vor einer fast unüberwindlichen, grauen Mauer, einer uneinnehmbaren Hürde gleich. Die drei Sonnenblumen links sind symbolisch für das Mineralreich, das Pflanzenreich und das Tierreich. Die etwas abseits stehende Sonnenblume verkörpert das Reich der Menschen. Die Unschuld eines Kindes, die reine Seele, soll sie zur Sonne führen. Zur Sonne, die ihre ganze geistige Strahlenkraft auf sie niedersendet. Alle richten ihre Hoffnung auf das reitende Kind. Von ihm hängt ihr Fortschritt und ihre geistige Entwicklung ab. Dieses Kind wird sie zu einem Leben in Liebe, Licht und Freiheit führen.

Die Karte bedeutet Wechsel zum Guten, Friede, Freundschaft, Erfolg in Unternehmungen, Harmonie mit dem Partner, materielles Glück, Ansehen, gute Heirat, Glück und Erfolg – besonders in materiellen Dingen, Intelligenz, kritischen Geist, Künste, Harmonie, Zufriedenheit.

*Verkehrt ausgelegt* bedeutet sie Arroganz, Extravaganz, Herrschsucht, Egoismus, schlechte Gesundheit, Sorglosigkeit, Verlust.

---

* engl.: THE SUN.

## XX  DAS GERICHT*

Ein mächtiger Engel mit flammenden Haaren und brennenden mehrfarbigen Flügeln bläst die Trompete zur Auferstehung. Die vorherrschende violette Farbe bedeutet: Das Eingehen der Menschheit in das totale Sein steht bevor. Sein blaues, wasserfarbenes Kleid zeichnet den Engel als Herrscher über den Strom des Bewußtseins aus. Die Trompete ist mit einer Fahne geschmückt, die ein großes durchgehendes Kreuz trägt, ein frühes Sonnensymbol. Über den Tag der Auferstehung heißt es: »Wenn die Trompeten blasen, werden sie alle in Scharen aus ihren Gräbern kommen.« Der Tag des Gerichts kann für jeden von uns jeden Augenblick dasein.

Die Karte bedeutet: Erkennen von Gut und Böse, Aufdecken von Ungerechtigkeiten; vieles wird gelingen, Abschluß, Beendigung alles Schwebenden, Berufswechsel, vielleicht nur Firmenwechsel, Heilung, Erneuerung.

*Verkehrt ausgelegt* bedeutet die Karte Überraschung, Schwäche, illegale Aktivitäten, ungerechte Entscheidung, Urteil.

*Tip:* Fragen Sie um Rat, bevor Sie zur Zeit etwas unternehmen.


## XXI  DIE WELT**

Die 22 Arkanen begannen mit der Karte 0, dem Narren, der sich gerade anschickte, vom Gipfel in die Welt der Phänomene hinabzusteigen und seine Visionen zu realisieren. Mit dieser letzten Karte ist seine Reise beendet.

Eine menschliche Figur, ein Mädchen, unbeschwert und frei von allen Begrenzungen, umgeben von Kostbarkeiten seiner eigenen Kreation, nimmt die Mitte des Bildes ein. Ihre Freude über den Eintritt in die Welt der Vollkommenheit und die totale Einheit mit Gott bringt sie in einem beinahe ekstatischen Tanz zum Ausdruck. Sie demonstriert ihre Nacktheit im Bewußtsein, daß alle Hindernisse überwunden sind. Sie wird von der Schlange, dem Symbol der Weisheit und Klugheit, umkreist. Der linke Fuß ist nach hinten

---

* engl.: JUDGEMENT.
** engl.: THE WORLD.

70

THE MOON.

THE SUN.

JUDGEMENT.

THE WORLD.

71

über dem rechten gekreuzt, wie der des Gehenkten, die Arme zeigen ein geöffnetes Dreieck. Das bedeutet: Das menschliche Bewußtsein hat seinen höchsten Wissensstand erreicht.

An den vier Weltenden sind auf grauen Wolken die vier apokalyptischen Tiere zu sehen: ein Adler-, Löwen-, Stier- und Menschenkopf. Diese Symbole sind seit Urzeiten bekannt und entsprechen den Kleinen Arkanen, nämlich Schwert, Stab, Becher, Scheibe. Sie entsprechen auch den Gegenständen auf dem Tisch des Magiers von Karte I. Die vier Köpfe symbolisieren auch die vier Urelemente, nämlich Luft= Adler, Löwe = Feuer, Stier = Erde, Mensch = Wasser. Auf der Karte ist astrologisch die Zeit dargestellt, als der Stier noch im Frühling war, ca. 3000 Jahre vor christlicher Zeitrechnung.

*Diese Karte ist für das Orakel sehr günstig.*

Auf die Nachbarkarten abgestimmt, kann sie bedeuten: Erfolg, Glück, Belohnung, Flugreise; auch: Ortswechsel, Reise, Emigration, Vollendung des Begonnenen, Sparsamkeit, Klugheit, Geschicklichkeit in geschäftlichen Angelegenheiten.

*Verkehrt ausgelegt* bedeutet sie: Schwierigkeiten, die überwunden werden müssen, Trägheit, Stillstand, Hindernisse durch feindlich gesinnte höhergestellte Personen, Einschränkungen, gegnerische Kräfte sind am Werk, Sorgen, Enttäuschungen.


# Die Kleinen Arkanen

Während die 22 Karten der Hohen oder Großen Arkanen über das große Schicksal und die großen Zusammenhänge des Fragenden aussagen und nur von Personen befragt werden sollen, die sich tiefes Wissen um die Symbolik dieser Karten angeeignet haben, ist das Legen der Kleinen Arkanen gerade für alltägliche Fragen und Ereignisse geeignet und kann auch von Nichteingeweihten praktiziert werden.

Die Kleinen Arkanen bezeichnen die verschiedenen Lebensabschnitte eines Menschen; sie offenbaren vor allem Details aus dem Leben des Fragenden, über seine Eltern, Freunde und Bekannten, und beantworten präzise auf ein besonderes Gebiet spezialisierte Fragen.

Die 56 Karten der Kleinen Arkanen werden in 4 Gruppen zu je 14 Karten eingeteilt, und zwar:

10 Karten, von 1−10 numeriert, die sogenannten »Zahlenkarten« und je 4 Figurenkarten, nämlich König, Königin, Ritter und Knappe.

Die 4 Gruppen mit den jeweils 14 Karten sind

> 1) **die Gruppe der Stäbe** (engl.: WANDS);
>
> 2) **die Gruppe der Becher** (engl.: CUPS);
>
> 3) **die Gruppe der Scheiben** (engl.: PENTACLES);
>
> 4) **die Gruppe der Schwerter** (engl.: SWORDS).

**Die Gruppe der Stäbe beschreibt:**
Herrschaft, Würde, Macht, Intelligenz, Besitz, den Menschen, seinen Umkreis, sein Arbeitsgebiet, seine Familie, sein Heim, Werkzeuge für die Arbeit und zur Verteidigung.

**Die Gruppe der Becher beschreibt:**
Liebe, Glück, Schönheit, Weisheit, den Menschen in der Gemeinschaft, Ehepartner, Partner, privat, geschäftlich, Lebensfreude, Kunst.

**Die Gruppe der Scheiben beschreibt:**
Berufsausbildung, Lehre, berufliches Umfeld, Unbeständigkeit, Vergehen, Vorübergehen, Reisen, Handel, Klugheit, List, Betrug.

**Die Gruppe der Schwerter beschreibt:**
Willensstärke, Mut, Leidenschaft, Stärke, Begeisterung, den kämpfenden, strebenden, aktiven Menschen, Willen, Recht, Gerechtigkeit, Tatkraft.

Tiefes Verständnis jeder einzelnen Karte ist auch beim Legen der Kleinen Arkanen nötig. Lassen Sie – entsprechend der obigen Zusammenfassung – das Kartenbild insgesamt auf sich einwirken:
Was sagen die Stäbe aus? Was bedeuten die Schwerter? Überwiegen die Scheiben oder die Becher?
Den 4 Elementen Erde – Luft – Feuer – Wasser
entsprechen König – Königin – Ritter – Knappe.

*Auch die Jahreszeiten* lassen sich durch die 4 »Farben« bestimmen:

| | |
|---|---|
| Frühling | – **Becher** |
| Sommer | – **Stab** |
| Herbst | – **Scheibe** |
| Winter | – **Schwert** |

# Was verheißen die 4 Gruppen in Kurzform?

1) die Gruppe der **Stäbe**     – Ruhm und Anerkennung
2) die Gruppe der **Becher**     – Liebe und Glück
3) die Gruppe der **Scheiben**     – Geld und materielles Interesse
4) die Gruppe der **Schwerter**     – Unglück, Haß

*Zusätzliche Bedeutungen:*

| | |
|---|---|
| **Stab** | – aktiv, Aktion |
| **Becher** | – passiv, Liebe, Leidenschaft |
| **Scheibe** | – materieller Erfolg |
| **Schwert** | – Kampf, Enttäuschung |

| | |
|---|---|
| **Stab** | – Berufe rund um die Natur |
| **Becher** | – geistiger Beruf; Priester |
| **Scheibe** | – Kaufmann |
| **Schwert** | – uniformiert, Militär, Polizei |

| | |
|---|---|
| **Stab** | – Haarfarbe braun, dunkelhaarig |
| **Becher** | – Haarfarbe hell, blond |
| **Scheibe** | – Harfarbe braun, dunkel |
| **Schwert** | – blond, hell |

König, Königin, Ritter, Knappe geben Auskunft über das Geschlecht und die sozialen Rangstufen der betreffenden Personen:

| | | |
|---|---|---|
| **König** | Symbol für – | Macht, Herrscher, Besitzender |
| **Königin** | Symbol für – | die Frau, die Frauen, das Volk |
| **Ritter** | Symbol für – | ausführendes Organ des Herrschers (Staatsanwalt, Behörden etc.) |

| Knappe | Symbol für − dessen Gehilfe (Polizei, Behörden) |

| **König** | − Mann |
| **Königin** | − Frau |
| **Ritter** | − junger Mann, junges Mädchen |
| **Knappe** | − Kind |

Jeder Gruppe der Kleinen Arkanen ist ein bestimmter Bereich der Wahrsagekunst zugeordnet:

*Beratungen in geschäftlichen Angelegenheiten:*
Die 14 Karten der Gruppe **Stab.**

*Strittige, gerichtsanhängige oder Prozeßsachen:*
Alle 14 Karten der Gruppe **Schwert.**

*Alle Fragen bezüglich Liebe und Herzensangelegenheiten:*
Die 14 Karten der Gruppe **Becher.**

*Für alle Finanzfragen:*
Die 14 Karten der Gruppe **Scheibe.**

# Magische Zahlen

*Das ist die Bedeutung der Zahlenkarten der Kleinen Arkanen in allen 4 »Farben«*

1 Beginn, Anfang, Ausgangspunkt, Absicht, Wille, Unternehmung;
2 beginnender Widerstand, Opposition, Weiterentwicklung der Idee;
3 Pläne, der Aufbau beginnt, Realisation der Idee, erste Schritte zur Verwirklichung;
4 Gegner, Angriffe von außen, Widerstand von innen, baldige Verwirklichung der Idee;
5 Arbeit, Fleiß, Strebsamkeit, Vermehrung, Absicherung gegenüber Feinden;
6 Fortschritt, Gewinn oder Verlust, Ausbau der Existenz;
7 positiv oder negativ, entsprechend den Nachbarkarten;
8 Hindernisse, Schwierigkeiten, Prüfungen, Kampf;

9 Weiterentwicklung, Evolution, Fortschritt mit damit verbundenen Fehlern;

10 Verharren im Augenblick, keine wesentlichen Veränderungen.

Die 10 Zahlenkarten stehen nicht vereinzelt da, auch sie sind in geheimnisvoller Weise sinngemäß miteinander verbunden.

## Eine weitere Deutungsmöglichkeit der 10 Zahlenkarten

- Ordnen Sie die 10 Zahlenkarten der 4 Gruppen Stab, Becher, Scheibe, Schwert.
- Teilen Sie die 10 Karten einer Gruppe in 3 Päckchen zu je 3 Karten. – Die letzte Karte (10) bleibt übrig.

Das Päckchen mit den Karten
1, 2 und 3 bedeutet: Anfang, Absicht, kreative Tätigkeit;
4, 5 und 6 bedeutet: Opposition, Ergänzung;
7, 8 und 9 bedeutet: Gleichgewicht.
Die Zahl 10 ist das neutrale Element.

# Symbolik

## Die Gruppe der Stäbe*

### König von Stab

*Diese Karte ist besonders günstig.* Reifer, strenger, aber gerechter Mann, freundlich, in der Regel verheiratet, rechtschaffen, redlich, gewissenhaft, großzügig, mit Ausstrahlung. Lebt in der Provinz oder auf dem Land und ist beruflich mit der Natur verbunden. Er kann Förster, Gärtner, Landmann sein.
Diese Karte personifiziert die Rechtschaffenheit und schöpferische Intelligenz.

---

* engl.: WANDS.

KING of WANDS. QUEEN of WANDS. KNIGHT of WANDS. PAGE of WANDS.

ACE of WANDS.

Ritter von Scheibe – Interessanter, gut bezahlter Beruf;
Rad des Lebens – Den Fragenden erwarten Ruhm und Erfolg.

*Verkehrt:*
Guter, aber strenger Mann, tolerant, nachsichtig und mitfühlend,
auch: mit Vorurteilen behaftet, rücksichtslos, egoistisch. Ein
Freund wird dem Fragenden einen wertvollen Rat geben. Wenn er
ihn befolgt, wird er daraus für die Zukunft großen Nutzen ziehen.


## *Königin von Stab*

Diese Karte ist das Symbol einer intelligenten, gebildeten und
rechtschaffenen, mit schöpferischen Fähigkeiten ausgestatteten
Frau. Sie kann Künstlerin sein, Schriftstellerin, die Frau eines Gelehrten, Künstlers oder Kaufmanns. Sie wohnt entweder in der
Provinz oder auf dem Land. Sie ist ehrlich, großzügig, tugendhaft,
wohlwollend. Sie verbreitet Wohlwollen und Güte, verlangt aber
strikte Befolgung ihrer Anordnungen. Gegen ihre Gegner geht sie
mit Entschlossenheit vor. Eine dynamische Frau mit großer Wil-
lenskraft.
Ist die fragende Person ein Mann – diese Karte ist ihm gut gesinnt;
ist es eine Frau, die um Rat fragt – eine wie oben geschilderte
Person ist an ihr interessiert.

*Diese Karte hat eine gute Vorbedeutung,* besonders, wenn sie als
erste gezogen wird.
Was Sie gegeben haben, kommt in reichem Maße zurück. Finanzieller Erfolg, Glück, Liebe, geistiger Reichtum, Erbschaft, auch:
glückliche Heirat mit einer dunkelhaarigen Frau.

*Mit Nachbarkarten:*
2 von Stab – Negative Bedeutung: Der Fragende muß sich auf
Unangenehmes und Streit vorbereiten.
3 von Becher – Es könnte nicht besser sein! Auch in Zukunft geht
alles gut.

*Verkehrt:*
Harmonisches Alter mit treu sorgender Frau, die glücklich ist, Ihnen helfen zu können.

Auch: Sie begegnen einer tyrannischen, rachsüchtigen Frau. Sie ist Ihnen feindlich gesinnt. Opposition, Eifersucht, Untreue. Ein Freund des Fragenden durchlebt eine schwierige Zeit.

## Ritter von Stab

Ein aufgeweckter junger Mann, lebhaft, selbstbewußt, mit guten Umgangsformen, übermittelt dem Fragenden eine Nachricht.
*Es ist die Karte für einen unverheirateten Mann* voll Energie und Tatkraft und bedeutet Abreise, Versetzung, Trennung, Ortswechsel, Verschwinden, Entfernen, Umzug, manchmal auch Flucht, Emigration. Suchen Sie die Ursache der bevorstehenden Trennung in den Nachbarkarten.
Diese Karte bringt aber auch Geld und eine positive Veränderung der finanziellen Situation.

*Mit Nachbarkarten:*
Ritter von Becher, verkehrt – Trennung eines Paares wegen Untreue.
3 von Schwert – Trennung wegen Mißverständnissen.
8 von Schwert – Bruch einer Beziehung wegen Verleumdung und Geschwätz.

*Verkehrt:*
Böse Absichten, Grausamkeit, Brutalität, allgemein zerstörerische Einflüsse, Streit, körperliche und seelische Unstimmigkeiten, Scheidung. Auch: Unfallgefahr, Knochenbruch.

## Knappe von Stab

Unbekannte Person, mit der der Fragende in Verbindung treten wird. Dunkelhaariger Mann oder Mädchen, Freund oder Briefträger, intellektuell, mit ausgeprägtem Sinn für Macht. Diese Person bringt Neuigkeiten, entweder gute oder schlechte – entsprechend den Nachbarkarten.
*Die Karte bedeutet auch Jugend und Abhängigkeit.*

*Mit Nachbarkarten:*
Königin von Stab – Gute Heirat.
Rad des Lebens – Gute Nachricht.
7 von Schwert – Ausgezeichnete, unerwartete Neuigkeiten.
Teufel – Schlechte Nachricht.
7 von Becher – Eine große Liebe, die in aller Heimlichkeit beginnt, wird von Dauer sein.

*Verkehrt:*
Oberflächlich, unbeständig, herrschsüchtig, theatralisch veranlagt, schlechte Nachricht mündlich oder schriftlich, unentschlossen. Auch: bescheidener Reichtum.

## 10 von Stab

Diese Karte hat mehrere unterschiedliche Bedeutungen. Die Aussage hängt von den sie umgebenden Begleitkarten ab, z. B. Verrat, Ärger, Schwierigkeiten, überschäumende Aktivität, Genialität, Erfolg und Glück. Auch: Betrug, Täuschung, Verschleierung, Komplott; großzügig, stark im Ertragen, ideenreich, ständig auf der Suche nach Neuem, fremde Städte.

*Mit Nachbarkarten:*
Eins von Schwert – Erfolg bei der Arbeit.
Königin von Becher – Blamage durch eine Frau.
5 von Becher – Heimlichkeiten in der Familie.
König von Schwert – Diese Karte ist sehr positiv. Negative Deutungen werden durch sie annulliert. Erfolg und Glück.

*Verkehrt:*
Schwierigkeiten, weil zu engagiert, zu aktiv, viele Ideen, unbesonnen, Draufgänger. Auch: Fallen, Hindernisse, Reklamationen, Hürden.

*Mit Nachbarkarte* Narr – Scheinbar unüberwindliche Schwierigkeiten.

## 9 von Stab

Diese Karte ist das Symbol für Mut, Unabhängigkeit und Originalität. Originell, kühn, furchtlos, aktiv, unabhängig, weiß man seine Meinung gekonnt zu vertreten.

*Mit Nachbarkarten:*
Eins von Scheibe – Glück und Reichtum im Ausland.
10 von Stab – Zögernde Zahlungseingänge.
2 von Stab – Liebeskummer, enttäuschte Liebe.

*Verkehrt:*
Opposition, Aufschub, Verzögerung, Krankheit, Unfallgefahr während der Arbeit, Rivalität.


## 8 von Stab

Aktivität und Bewegung, Unternehmungen, man geht mit großen Schritten auf sein Ziel los; große Eile verbunden mit Hoffnung und Zuversicht; man will das Ziel in schnellem Lauf erreichen; Ungeduld auch in der Liebe. Vorübergehender Ortswechsel, eventuell Versetzung, eine Reise. Alle Veränderungen unter sehr guten Bedingungen.

*Mit Nachbarkarten:*
8 und 9 von Scheibe – Ortsveränderung.

*Verkehrt:*
Friede, Ruhe, beschauliches Leben, verbunden mit Arbeiten im Garten, auf dem Acker, auf der Wiese, im Wald, Erholung und Zeitvertreib auf dem Land. Auch: Diebstahl, Verlust im Spiel oder bei Spekulation.

*Mit Nachbarkarten:*
4 von Schwert – Unsicherheit, Unverständnis, Vorwürfe, Zögern, Gewissensbisse.
1 und 3 von Scheibe – Familienkrach.
7 von Becher – Wortwechsel mit mehreren Personen.

## 7 von Stab

Geistig hochstehende Diskussionen, Reden, Schreiben, literarische Tätigkeit, Wettbewerb, Sprache in jeder Form, auch Austausch, Handel und Verkehr, geschäftliche Besprechungen. Positiv, großmütig, sicheres Gerechtigkeitsgefühl, jedoch aggressiv, in Liebesangelegenheiten unbeherrscht, bei auftretenden Schwierigkeiten unerschrocken, mutig.

*Mit Nachbarkarten:*

Eins von Becher – Begegnung mit einem Juristen, eventuell Heirat.
König von Stab – Der Fragende bekommt Hilfe.

*Verkehrt:*

Unwissenheit, Streit, Unannehmlichkeiten – vor allem in Herzensangelegenheiten.
*Tip:* Schieben Sie eine längst fällige Sache nicht länger auf, Sie könnten sonst Schwierigkeiten bekommen.


## 6 von Stab

Diese Karte hat – je nach Begleitkarte – mehrere Bedeutungen. Im allgemeinen: Die Durchführung von Plänen und Projekten wird verhindert. Angestellte eines kleineren Betriebes, auch Hotelangestellte, Briefträger o. ä. bringen dem Fragenden nichts Gutes; sie sind ihm sogar hinderlich. Gehört die fragende Person einer der genannten Berufsgruppen an, dann könnte sie ihren Job verlieren.

*Mit Nachbarkarte:*

5 von Becher – Ein naher Verwandter, mit dem der Fragende in Unstimmigkeit lebt, möchte sich mit ihm aussöhnen.
Ist die fragende Person eine Frau: Achtung! Eine Person in allernächster Umgebung will Sie verraten.

*Verkehrt:*

Der Fragende wird von einem Freund hintergangen. Verlust des Geschäftspartners, Schwindel, Untreue, Neid. Die Wünsche des Fragenden gehen nicht in Erfüllung, es sei denn, Sie haben als

*Nachbarkarte*

Eins von Becher oder 7 von Schwert. Oder das Rad des Lebens – Sehr gute Karte, die alle negativen Prophezeiungen annulliert.

## 5 von Stab

Diese Karte ist von Bedeutung für die Aussage allgemeiner finanzieller und geschäftlicher Angelegenheiten. Harter Konkurrenzkampf, Suche nach Glück und Reichtum, Ehrgeiz, Mut, Großzügigkeit. Man ist nicht bereit, Niederlagen hinzunehmen.

*Mit Nachbarkarten:*

4 von Stab – Glück in Geldangelegenheiten, großer Gewinn, Reichtum, Luxus.

Knappe von Becher – Vorsicht in Geldsachen und geschäftlichen Dingen!

5 von Schwert – Diese Karte warnt: Unfallgefahr!

*Verkehrt:*

Allgemein Streit, Kampf, auch Prozeß oder heftiger Wortwechsel. Störungen infolge Krankheit, Verwicklungen. Vielversprechende Projekte, die sich jedoch nur mit viel Glück realisieren lassen.

*Mit Nachbarkarten:*

6 von Stab verkehrt – Prozeß endet auf gütliche Weise.

Knappe von Schwert und Dame von Becher – Auseinandersetzung wegen einer Frau.

## 4 von Stab

Ob gerade oder verkehrt – *diese Karte verheißt nur Gutes.* Macht, Stärke, Fruchtbarkeit, Vergrößern des Reichtums, gesellschaftlicher Erfolg, erfolgreiche Beendigung eines Unternehmens, Gelingen und Gedeihen auf allen Wegen, Friede, Harmonie, Vertrag, Allianz. Sie werden überall vom Glück begünstigt.

*Mit Nachbarkarten:*

König von Scheibe – Beruflicher Erfolg, Glück in der Liebe, in Unternehmungen und in Geldsachen.

Königin von Becher – Eine besonders schöne Liebe beginnt, Harmonie im Eheleben.

Knappe von Becher – Eine lehrreiche Reise.

*Verkehrt:*
Wachstum und Erfolg, Glück, Schönheit, beruflicher Aufstieg. Der Fragende hält das Glück in der Hand; was immer er unternimmt, es gelingt.

*Mit Nachbarkarten:*
Eins von Stab – Familienzuwachs.
3 von Stab – Ganz unerwartete Hilfe.
7 von Scheibe – Bescheidenes Glück.

## 3 von Stab

*Eine sehr gute Karte.* Besonders gute Voraussage, wenn diese Karte zusammen mit der persönlichen Karte erscheint. Erfüllung vieler Wünsche, Erfolg nach Anstrengungen, auf der Suche nach neuen Zielen, Ideen, Abenteuern und Freunden; außergewöhnliche Fähigkeit, in die Zukunft zu sehen. Ist der Fragende ein Künstler, entweder Maler, Musiker, Bildhauer oder Literat, so wird er hohe Anerkennung erlangen.

*Mit Nachbarkarte:*
Teufel – Das Gelingen hängt größtenteils vom Zufall ab.

*Verkehrt:*
Überheblich, grob, unhöflich, vorlaut. Benötigt Ruhe und Erholung infolge Überanstrengung.

## 2 von Stab

Zwei ganz unterschiedliche Deutungen sind möglich:
1) Glück und Reichtum;
2) Kummer, Vorwürfe, pessimistische Gedanken, Zorn, Aktion, Kampf, originelle Ideen. Pionier, offen, unabhängig, sieht die Dinge, wie sie wirklich sind. Der Fragende quält sich mit Selbstvorwürfen, weil er sich in einer bestimmten Situation falsch verhalten hat.

*Warnung:* Eine geliebte Person gerät auf einer Reise in Gefahr.

*Mit Nachbarkarten:*
10 von Stab – Eifersucht.
4 von Becher, verkehrt – Neid.
Königin von Stab, verkehrt – Glück und Harmonie.

*Verkehrt:*

Freudige Überraschung, unerwartetes, schönes Erlebnis, Freude, Emotion. Auch: Wunsch nach Revanche, schamlos, trostlos, erbarmungslos, unüberlegt, leicht erregbar.

## Eins von Stab

Mit dieser Karte tritt auch Unangenehmes für den Fragenden in Erscheinung. Kraft, Stärke, Strenge, neue Unternehmungen, Konzentration auf den Willen, Schöpferisches, Erfindungen, Glück, Anfang, Geburt. Auch: beginnende Erkrankung für den Fragenden oder Rückfall nach einer Krankheit.

Für einen Geschäftsmann: Geldverlust; für ein junges Mädchen: unglückliche Liebe.

*Mit Nachbarkarte:*

2 von Becher – Unfall, Streit, Entmutigung. Auch: schlechter Umgang.

*Verkehrt:*

Abstieg, Ruin, Sturz, Schwäche, Entmutigung, Niedergeschlagenheit, Langeweile, Willensschwäche, Ziellosigkeit, Haltlosigkeit, Stillstand, Rückstand. Auch: langersehnter Nachwuchs.

## Die Gruppe der Becher*

## König von Becher

Symbol für Ehemann, Vater. Einflußreicher, mächtiger Mann, Vorgesetzter, Geschäftsmann, Rechtsanwalt oder Richter, Künstler oder Wissenschaftler. Ehrlich und vertrauenswürdig, angriffslustig, in seinen Anordnungen ruhig und freundlich.

Erscheint gleichzeitig die persönliche Karte, so wird die Person des König von Becher über den Fragenden dominieren. Erscheint

---

\* engl.: CUPS.

KING of CUPS. QUEEN of CUPS. KNIGHT of CUPS. PAGE of CUPS.

ACE of CUPS.

gleichzeitig der Einsiedler, so wird er den Fragenden sehr stark beeinflussen und ihn seinem Willen unterordnen.

Ist die fragende Person eine Frau: eine bekannte Persönlichkeit umwirbt sie.

*Mit Nachbarkarte:*
7 von Schwert – Unstimmigkeiten werden bereinigt; ein Paar versöhnt sich.

*Verkehrt:*
Unehrlicher, skrupelloser Mann, abartig veranlagt, zu allem fähig, Dieb, Betrüger, Verräter, rastlos nach immer neuen Abenteuern aus. Auch: Verlust des Arbeitsplatzes. Die verkehrt liegende Karte mahnt zu allgemeiner Klugheit und zur Vorsicht.

*Mit Nachbarkarten:*
3 von Becher mit 9 von Becher – Heben die schlechten Voraussagen auf und verwandeln sie ins Gegenteil.


## Königin von Becher

Diese Karte ist symbolhaft für Mutter, treue und aufopfernde Ehefrau. *Besonders günstige Karte für Frauen.* Diese Karte ist auch für einen männlichen Fragenden besonders günstig: Eine Frau will sich für ihn aufopfern.

Strahlende Erscheinung, schön, gute Umgangsformen, intelligent, phantasiebegabt, lebhafte Vorstellungskraft, einwandfreier Lebenswandel, Wissen, Klugheit.

*Mit Nachbarkarten:*
Tod – Doppelleben.

3 von Becher – Ist die fragende Person eine Frau, so erfüllt sich ein langersehnter Wunsch. Männliche fragende Personen erwarten Titel und Ehrungen.

Zusammen mit der persönlichen Karte – Die Konstellation bezeichnet eine besonders attraktive Frau, die sehr auf Männer wirkt.

*Verkehrt:*
Verführerische, unzuverlässige, leichtsinnige Frau mit schlechter Moral. Drang nach sexueller Liebe mit immer neuen Partnern. Diese umgekehrte Karte verkehrt die guten Aussagen ins Negative.

## Ritter von Becher

Eroberung des Herzenspartners, Freundschaft, Annäherung, Verführung, Ankunft, Einladung von Freunden. Die nähere Bestimmung hängt von den Begleitkarten ab.

*Mit Nachbarkarten:*
König von Schwert – Jurist oder Polizist meldet eingetretenen Schaden.
Ritter von Scheibe, umgekehrt – Hoher Lottogewinn.
7 von Scheibe – Besuch eines Freundes, der Geld bringt.

*Verkehrt:*
Komplikationen treten auf, Täuschung, Betrug, falsche Menschen, Schwindel. Auch: oberflächlich, unentschlossen, unbeherrscht, gekünstelt. Zieht sich in seine Phantasiewelt zurück. Unzuverlässig.

## Knappe von Becher

*Eine positive Karte.* Sie bringt Lob und Anerkennung. Wenn junges Mädchen: nette Person, freundlich, offen, voll Neugierde. Wird mit dem Fragenden in Verbindung treten und ihm helfen.
Wenn junger Mann: vielseitig begabt, guter Beobachter, fleißiger Arbeiter oder Student, Lehrling. Anstellung, Beschäftigung, neue Situation, Freundschaft.
Ist die fragende Person ein Mann: Eine Frau interessiert sich für ihn und hilft ihm, beruflich weiterzukommen. Ist die fragende Person eine Frau: Heirat möglich.

*Mit Nachbarkarten:*
3 von Scheibe – Erfolg im Beruf oder Studium.
Ritter von Becher – Der Fragende ist dabei, einen Fehler zu machen.
5 von Schwert – Überdenken Sie noch einmal Ihre Transaktionen; ein Fehler hat sich eingeschlichen.
2 von Scheibe – In Ihrer näheren Umgebung könnte ein heimlicher Gegner sein.

*Verkehrt:*
Selbstsüchtig, wechselhafte Gefühle, unzuverlässg, Enttäuschung, Sehnsucht, Zuneigung, Leidenschaft. Auch: Sympathie, Geschenk, Lob, Freundschaft, Einladung.

*Warnung:* Suchen Sie geschäftlich nach neuen Möglichkeiten, sonst Ruin.

*Mit Nachbarkarten:*
9 von Stab, gerade oder verkehrt – Schwierigkeiten und Hindernisse in Herzensangelegenheiten.
Eins von Stab – Unangenehme, lästige Bekannte.
8 von Becher – Vieles wendet sich zum Guten.


## 10 von Becher

Diese Karte weist auf Reichtum hin in jeder Form – materiell, emotionell, sozial, geistig usw. Es gibt eine Person, die sich um den Fragenden kümmert. Schöne Stunden mit Freunden, Zufriedenheit, Erfolg, Erfüllung mancher Wünsche, Gewinn, gute Hand in materiellen Angelegenheiten. Auch: Vaterhaus, das Zuhause, die Wohnung.

*Mit Nachbarkarten:*
Eins von Scheibe – Erfolg in Geschäften, Reichtum.
2 von Scheibe – Reiches Wissen, Erfolg und Anerkennung.

*Verkehrt:*
Übermäßige Gefühle, starke Emotionen, verbunden mit Alkoholmißbrauch. Neigung zu Drogen, Zornesausbrüchen, Gewaltanwendung, Erregung. Allgemein: Gefahr für die fragende Person.
Für junges Mädchen: Heiratspläne erfüllen sich.
Für jungen Mann: Differenzen mit Vorgesetzten.

*Mit Nachbarkarten:*
Königin von Becher – Reiche Heirat.
7 von Stab – Klatsch und üble Nachreden.


## 9 von Becher

Sehr gute Karte für Menschen, die kämpferisch veranlagt sind. Für Männer in Uniform oder Berufskleidung: Karriere und Erfolg. Für Soldaten, Rechtsanwälte usw.: Triumph über den Gegner. Ehre und Anerkennung für Künstler; erfolgreiche Abschlüsse für Geschäftsmann. Nach Kampf und Sieg Eintracht und Zufriedenheit.

*Verkehrt:*
Ehrlichkeit, Wahrheit, Freiheit, Privatleben. Auch: Selbstlob, Fehler, Unvollkommenheit.

*Mit Nachbarkarten:*
7 von Schwert – Glück in geschäftlichen Unternehmungen.
8 von Scheibe – Ein Plan wird durchkreuzt.

## 8 von Becher

Person, die Freude, Milde und Sympathie ausstrahlt. Sie ist immer bereit, den weniger Begünstigten zu helfen, legt keinen Wert auf materiellen Besitz.

*Mit Nachbarkarten:*
9 von Becher, für junges Mädchen – Glück, Liebe, Vermögen.
9 von Becher, verkehrt – Dauerhafte Freundschaft.
Rad des Lebens – Gewinn im Lotto.

*Verkehrt:*
Große Freude, Feste, Festlichkeiten, Feierlichkeiten, Vorbereitungen auf Empfang; auch Unruhe, Reisen.

## 7 von Becher

Achten Sie bei dieser Karte auf die Nachbarkarten; sie allein sagt wenig aus.
Vorliebe für Vergnügen und Luxus. Ein laufendes Verfahren wird positiv beendet. Weitere Erfolge sind fraglich. Plötzlicher Gewinn möglich. Auch: Positive Gedanken umgeben Sie; unerwartete Gunst und Zuneigung für die fragende Person. Sie werden wegen Ihrer geistigen Fähigkeiten bevorzugt. Intelligenz, Verständnis, positive Ausstrahlung.

*Mit Nachbarkarten:*
10 von Becher, verkehrt – Vorsicht, Falle!
Turm – Die bösen Pläne mißlingen.

*Verkehrt:*
Die fragende Person hat viele Wünsche, große Pläne und Ziele. Ob alles gelingt, sagen die Nachbarkarten.

## 6 von Becher

Diese Karte ruft die Vergangenheit zurück; Rückblick in die Kindheit, Glück und Freuden in der Vergangenheit, Erinnerungen, vergangene Ereignisse, alles, was einmal war, was einer anderen Epoche angehört.

*Mit Nachbarkarten:*
Eins von Stab – Der Fragende soll einen Fehler aus der Vergangenheit wiedergutmachen.
Knappe von Scheibe – Handeln Sie sofort, damit Sie eine alte Sache wieder in Ordnung bringen. Achtung, Nachbarkarten einbeziehen!

*Verkehrt:*
Das Tor zur Zukunft wird etwas gelüftet. Erneuerung, Regeneration, alles, was kommen wird.
*Warnung:* Unfallgefahr in der Nähe von Wasser; Streit mit dem Partner.


## 5 von Becher

Eine Erbschaft steht bevor, aber auch der Tod eines nahen Verwandten. Die Nachbarkarten konsultieren, sie sagen mehr darüber aus!

Neben Vier von Scheibe – Der Fragende wird mit Geschenken überhäuft. Eine bekannte Persönlichkeit hilft ihm in verschiedenen Angelegenheiten.

*Verkehrt:*
Neben As von Stab – Ein Verwandter des Fragenden kommt mit guten Neuigkeiten und Geschenken.
Neben Neun von Stab – Eine Erbschaft, die sich angezeigt hat, verzögert sich.


## 4 von Becher

Unzufriedenheit, Ärger, Verdruß, unliebsame Überraschungen, Gegner. Vertiefung in das Mystische, geistige Unruhe, Krise. Auch: materielle Erfolge, Bindung an Heimat und Familie.

*Mit Nachbarkarten:*
8 von Stab für eine Frau – Bruch einer Partnerschaft.
10 von Scheibe für einen Mann – Vorsicht bei Spekulationen!

*Verkehrt:*
Große Liebe, neues Glück, Wiedervereinigung, Freundschaften, neue Bindungen.

## 3 von Becher

Diese Karte ist das Orakel über Erfolg und Mißerfolg von Künstlern und Schauspielern.
Triumph, große Erfolge, Verbesserung einer Situation, Heilung, Erholung, Genesung, guter Ausgang eines Unternehmens.
Für Künstler und Schauspieler: Berühmtheit.
Für Schriftsteller: literarischer Erfolg.
Für Militärs: glänzende Karriere.

*Mit Nachbarkarte:*
Die Sonne – Großer Erfolg für einen Schauspieler. Ein Arzt erzielt neue Ergebnisse. Ein Ingenieur beendet erfolgreich eine wichtige Arbeit. Ein Schriftsteller schreibt einen Bestseller.

*Verkehrt:*
Ende einer Krankheit, guter Abschluß eines schwierigen Geschäftes, Glück in der Liebe, Verbesserung der finanziellen Situation des Fragenden. Aber auch: Sehnsucht, Bestechlichkeit, Neid, Geiz, Eifersucht.

## 2 von Becher

Allgemein eine gute Karte. Sie hat jedoch viele und verschiedene Bedeutungen. *Sehr positiv in Herzenssachen.* Freundliche, sozial engagierte Person. Vorliebe für Heim und Familie. Glück in der Liebe, Freundschaft, Leidenschaft, gutes Einvernehmen, gute Beziehungen zwischen den Partnern, Harmonie, Bindung, Sympathie. Günstig für Heirat.

*Mit Nachbarkarten:*

10 von Schwert – Trotz anfänglicher Schwierigkeiten gehen Wünsche und Pläne in Erfüllung.

Knappe von Schwert – Partner einer früheren Bindung könnte Schwierigkeiten machen. Achtung, Sie werden überwacht!

2 von Becher für eine Frau – Viele Bewunderer und viel Erfolg.

*Verkehrt:*

Hindernisse in Herzensangelegenheiten durch Familie oder wegen finanzieller Schwierigkeiten. Unsicherheit, Wechselhaftigkeit, Dummheiten. Auch: Bestechlichkeit, Habsucht, Begierde, Sinnlichkeit.

*Mit Nachbarkarte:*

Knappe von Scheibe – Heftige Auseinandersetzungen mit einer Frau wegen eines dunkelhaarigen Mannes.

## Eins von Becher

Fruchtbarkeit, Produktivität, Zeitvertreib, Restaurant, Café, Festlichkeiten, Überfluß, gute Nachricht für Frauen. Auch: Schwierige Diskussion endet positiv: Glück in der Liebe, Erfolg in Unternehmungen, Harmonie in der Familie.

*Mit Nachbarkarte:*

Ritter von Stab – Plötzliche Abreise.

## Die Gruppe der Scheiben*

### König von Scheibe

Auf Kosten anderer aufgehäufter Reichtum. Intelligenter Mann mit mathematischem Talent, diplomatisch. Außergewöhnliche Selbstkontrolle. Bankier, Finanzmann, Industrieller, Geschäftsmann, Händler, Wissenschaftler. Auch: Vergrößerung des Reichtums.

---

* engl.: PENTACLES.

*Mit Nachbarkarte:*

2 von Schwert – Der Fragende wird von einer Person seines Vertrauens für deren eigene Zwecke mißbraucht. Die Nachbarkarten können diese Person identifizieren.

*Verkehrt:*

Kalt, emotionslos, nur materiell ausgerichtet, ideenlos, krank, gebrechlich, unsicher. Schwäche, Korruption, Häßlichkeit, Unsicherheit, Lasterhaftigkeit. Auch: unüberwindbares Hindernis, Gefängnis.

## Königin von Scheibe

Frau von Welt, wohlhabende Frau, Erbin, Frau mit Talent, sich ständig zu bereichern. Freundlich, charmant, ausgezeichnete Menschenkenntnisse, großzügig, mächtige Person. Sicherheit, Luxus, Kühnheit, Vertrauen.
Wenn diese Karte *als erste* erscheint: reiche Heirat.

*Mit Nachbarkarten:*
Ritter von Scheibe – Glückliche Heirat mit guten Vorzeichen.
5 von Scheibe – Große Erbschaft.

*Verkehrt:*
Denkfaul, oberflächlich im Denken, Zweifel, Angst, Furcht, Mißtrauen, fehlende Sicherheit, Unentschlossenheit, Argwohn. Auch: schlechter Gesundheitszustand, Krankheit, Leid.

*Mit Nachbarkarte:*
Einsiedler – Schwere Krankheit.

## Ritter von Scheibe

Vorteilsbedacht, strebt nach Besitz und Anerkennung. Wenn diese Karte *als erste* erscheint, wird der Fragende überraschende Entdekkungen machen. Rasche Auffassungsgabe, Wunsch nach Macht und Wohlstand. Läßt sich in seinem Bemühen um Geld und Macht nicht aufhalten. Interesse, Gewinn, Vorteil, Profit.

*Mit Nachbarkarte:*
7 von Scheibe – Für eine Frau Komplimente vom Mann ihres Herzens.

*Verkehrt:*
Träge, schwermütig, faul, untätig. Vernachlässigung, verlorene Gelegenheiten, Apathie.


## Knappe von Scheibe

Mann, jugendliche Erscheinung, Schüler oder Student, fleißig, Kumpel, Mitarbeiter, Händler, Spekulant. Wenn die Karte *als erste* erscheint: Eine skrupellose Person hält sich in der näheren Umgebung des Fragenden auf.

*Mit Nachbarkarten:*
7 von Becher für einen Mann – Ein unbekannter Mann umwirbt seine Frau; für eine Frau – Ein zuverlässiger Mann bemüht sich um sie.
2 von Stab – Die fragende Person wird vom Partner nicht verstanden.

*Verkehrt:*
Luxus, Verschwendungssucht. Oberflächlich. Schlechte Nachricht, Unvorsichtigkeit.


## 10 von Scheibe

Das Haus, Zuhause, Unterkunft, Schiff, Kaserne. Auch: Gewinn, Reichtum.

*Mit Nachbarkarten:*
Rad des Lebens – Erbschaft.
5 von Stab – Achtung, Diebe haben es auf Ihre Ersparnisse abgesehen!
*Warnung:* Geldverlust, eventuell Raubüberfall.

*Verkehrt:*
Geschickt in geschäftlichen Dingen, Chance im Glücksspiel, Gewinn im Lotto, gute Gelegenheiten zu gewinnen.

*Mit Nachbarkarten:*
Eins von Becher – Familienfest.
Eins von Becher und Rad des Lebens – Großer Gewinn im Glücksspiel.

## 9 von Scheibe

Diese Karte ist in ihrer Aussage auf die Nachbarkarten angewiesen. Erfolg, Gewinn, Ersparnisse, Erspartes, Sicherheit durch Klugheit, Rücklagen, Geschäftspapiere, Bankeffekten. Kauf von Grund und Boden, Anleihen, Immobilien, Aktien. Auf der Spitze des Erfolgs. *Achtung:* Vorsicht bei neuen Bekannten!

*Mit Nachbarkarten:*
König von Scheibe und Königin von Becher – Baldige Hochzeit im Haus.
10 von Becher – Hindernisse auf dem Weg zum Erfolg.

*Verkehrt:*
Vorsicht vor Personen der näheren Umgebung! Enttäuschung, Neid, Ichbezogenheit, Betrug, Täuschung.

*Mit Nachbarkarte:*
Narr – Nicht eingehaltene Versprechungen.

## 8 von Scheibe

Sympathische Frau oder Mädchen, gutes Elternhaus, hochentwikkelter Ordnungssinn, schöner Beruf, glänzende Zukunftschancen, etwas passiv veranlagt. Undurchsichtigkeit. Auch: Gleichmäßige Güterverteilung, Erbschaft.

*Mit Nachbarkarte:*
Narr – Leichtsinn, Träumerei.

*Verkehrt:*
Glück in der Familie, Erfolg in der Gesellschaft. Süchtig nach Komplimenten und Zärtlichkeit. Geiz, Neid. Will immer mehr Geld und Reichtum aufhäufen, Habgier, Eitelkeit.

*Mit Nachbarkarten:*
10 von Schwert und 5 von Schwert – Der Fragende ist als Opfer für undurchsichtige geschäftliche Machenschaften ausersehen.

## 7 von Scheibe

Wohlstand, kleine Gewinne nach großer Anstrengung, Klugheit in geschäftlichen Dingen, Scharfsinn, starker Wille, nach oben zu kommen.

5 von Becher – Erbschaft.
5 von Stab – Glück im Lotto.
Rad des Lebens – Erfolg, Reichtum. Ist es die *erste Karte* und folgt ihr die 2 von Scheibe: Für Mann – Geldverlust.

## 6 von Scheibe

Überraschung, Geschenke, Aufmerksamkeit, die richtige Zeit für wichtige Dinge. Eine Person hat großen Einfluß auf das Schicksal anderer. Sehr geachtet, gute Beurteilung.

*Mit Nachbarkarten:*
2 von Scheibe – Im Augenblick Schwierigkeiten.
6 von Scheibe und die persönliche Karte einer weiblichen fragenden Person – Ein Mann mit einwandfreiem Charakter interessiert sich für Sie.

*Verkehrt:*
Selbstbezogen, unkonzentriert, habgierig. Eifersucht, Neid, Hoffnung, Wunsch, Erwartung. Unerwarteter Schutz einer einflußreichen Person.

*Mit Nachbarkarten:*
Knappe von Stab – Eine Nachricht stellt den Fragenden vor vollendete Tatsachen.
Königin von Scheibe – Einklang und Zuverlässigkeit in Herzenssachen.

## 5 von Scheibe

Liebe, Flirt, Verlobung, Hochzeit, Partner, Freund, Verlobter, Freund oder Freundin, Einvernehmen, Einverständnis, unerwarteter Gewinn. *Die Karte für Liebende.*

*Mit Nachbarkarte:*
Königin von Becher – Eine bereits in Vorbereitung befindliche Hochzeit kann nicht stattfinden. Grund: Fehler des Fragenden oder eines Familienmitglieds.

Rad des Lebens – Glückliche Heirat.

Knappe von Scheibe – Beginnende Leidenschaft mit schlechtem Ausgang, je nach Nachbarkarten.

*Verkehrt:*

Schlechte Führung, Unordnung, Sittenlosigkeit, Liederlichkeit, Verschwendungssucht, Schaden im Geschäft und im Beruf, geistige und materielle Armut, Oberflächlichkeit. Verlassen von Freunden.

## 4 von Scheibe

Erfolg, Vermehrung materieller Güter durch kluges Management, Gewinn im Glücksspiel, Geschenk, unerwartete Schenkung, Angebot, Lohnerhöhung, Großzügigkeit, Sicherheit des Besitzes, Vermächtnis, Talent, Erbschaft. Auch: Organisationstalent, ernst, besinnlich.

*Mit Nachbarkarten:*

2 von Scheibe – Großzügiges Geschenk.

Ritter von Scheibe – Der Herzenswunsch des Fragenden geht bald in Erfüllung.

*Verkehrt:*

Hindernisse, eventuell Gefängnis, Verwirrung, Schwierigkeiten, aus denen augenblicklich nicht herauszukommen ist, Kummer, Ärger, große Verspätung. Unzufriedenheit, Überheblichkeit, will über andere dominieren. Barriere, Hürde, Grenze.

## 3 von Scheibe

Vornehme und hohe Gefühle, Seelengröße, alles, was erhöht ist. Berühmtheit, Ruhm, Ehre, Kreativität. Angebot eines gewinnbringenden Geschäfts, unerwarteter Gewinn. Mächtig, gebildet, berühmt.

*Mit Nachbarkarten:*

Knappe von Stab – Ein einflußreicher Mann bietet dem Fragenden seine Hilfe an.

10 von Scheibe – Mächtiger Freund hilft dem Fragenden.

Halbheiten, Kindheit, Unreife, labiler Charakter, Schwachheit, Vorwürfe, niedrige Gefühle, Egoismus, Meinungsverschiedenheit, Fehlen von Kreativität, einfallslos.

*Mit Nachbarkarte:*
Eins von Schwert für eine Frau – Ihre Pläne gehen in Erfüllung.


## 2 von Scheibe

Vertrag, finanzielle Transaktion, Hindernisse, unerwartete Schwierigkeiten, Verspätung, Unruhe, Furcht, Verhinderung. Eine geschäftliche Aktion wird schlimm enden.
Aber auch: Gewinn durch Wechsel der Beschäftigung. Erfolg und Mißerfolg, Frohsinn und Bedrückung wechseln einander ab.

*Verkehrt:*
Leicht beeinflußbar, lebhafte Diskussion, Aktivitäten für falsche Ziele, erzwungene Fröhlichkeit, vorgegebene Heiterkeit. Brief, Telegramm, Vertrag, Buch, Testament, Schreibarbeiten, Briefwechsel.


## Eins von Scheibe

Es ist die allerbeste Karte der Kleinen Arkanen. Perfektes Einverständnis, Glück, Besitz, Liebe, Wohlbefinden, Freude bis zum Überdruß. Erfolg, Komfort, Zufriedenheit, sicherer Besitz, Genugtuung, Triumph.
Wenn die Karte *als erste* erscheint, ist das Glück so groß, daß es auf alle anderen Karten überstrahlt.

*Mit Nachbarkarte:*
Rad des Lebens – Reichtum, ein Wunsch geht in Erfüllung.

*Verkehrt:*
Geld, Börsengewinn, Vermehrung des Kapitals, Anhäufung von Gold und Reichtum in jeder Form.
Selbst als verkehrt liegende Karte und neben ungünstigen Karten verspricht sie für längere Zeit Glück und Geld.

# Die Gruppe der Schwerter*

## König von Schwert

Diese Karte hat verschiedene Bedeutungen: Es kommt immer auf die Nachbarkarten an.

Jurist, Justizangestellter, Richter, Rechtsanwalt, Schriftsteller, Offizier, Abgeordneter, Arzt, Mann in Uniform, einflußreicher Mann mit Machtbefugnis und Befehlsgewalt. Geld. Autorität, intelligent. Phantasiebegabter zuverlässiger Freund, aufgeschlossen für neue Ideen, Künstler. Will zu Ende führen, was er einmal begonnen hat.

*Mit Nachbarkarte:*
König von Stab – Gerichtsanhängige Sachen wenden sich zum Schlechten; jedoch kann ein guter Anwalt helfen.

*Verkehrt:*
Vorsicht! Eine Person will den Fragenden finanziell und moralisch ruinieren. Vermeiden Sie im Augenblick jeglichen Streit und Prozeß; eine bestechliche Person mit bösen Absichten ist in der Umgebung des Fragenden. Unbarmherzig, grausam, böse.

## Königin von Schwert

Es ist die Karte der mutigen und tapferen Frau. Attraktive Frau mittleren Alters, sympathisch, verständnisvoll, eventuell Witwe. Traurigkeit, Verlegenheit, Schwierigkeiten, Entbehrung. Es fehlt am Notwendigsten. Auch: Abwesenheit.

Für männlichen Fragenden: Kümmern Sie sich mehr um Ihre Frau! Für ein junges Mädchen, das heiraten will: Überdenken Sie Ihre Absicht noch einmal genau.

*Verkehrt:*
Untreue, Bosheit, Heuchelei. Gefährliche Gegnerin. Böse Gedanken richten sich gegen die fragende Person.
*Tip:* Verschieben Sie Ihre Heiratspläne!

---

\* engl.: SWORDS.

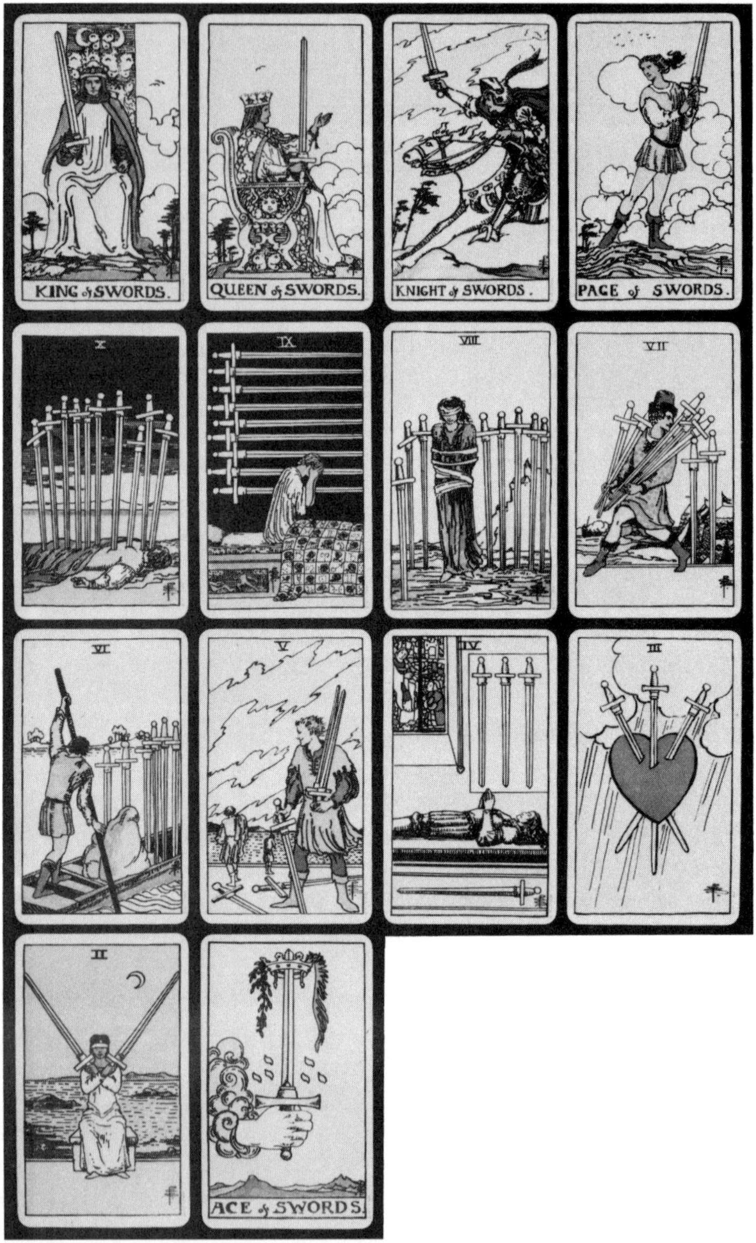
KING of SWORDS.
QUEEN of SWORDS.
KNIGHT of SWORDS.
PAGE of SWORDS.
X
IX
VIII
VII
VI
V
IV
III
II
ACE of SWORDS.

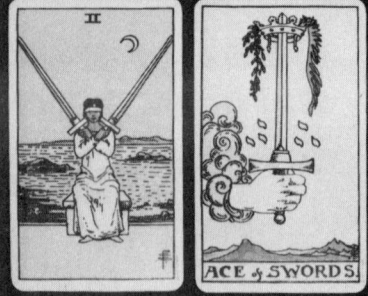

## Ritter von Schwert

Chef, Politiker, Militarist, Abenteurer, Kämpfer, Feind. Krieg, Zerstörung, Feindschaft, Aggression, Mut, Widerstand, Geschicklichkeit, Fähigkeiten.
Für Unverheiratete: Spricht die Nachbarkarte von Heirat, so wird es ein Mann in Uniform sein.

*Mit Nachbarkarte:*
9 von Becher – Ein Freund wird durch Auszeichnung geehrt.

*Verkehrt:*
Tyrannisch, nicht sehr intelligent, unreif, verhält sich als Besserwisser. Naivität, Dummheit, Unwissenheit, Unfähigkeit, Extravaganz, flüchtiges Abenteuer, Familienstreit.

## Knappe von Schwert

Diese Karte kann nur in Verbindung mit einer anderen gewertet werden.
Neugier, Indiskretion, Geheimdienst, Beobachtung, Detektiv.
Auch: Gedankenfreiheit, geistige und körperliche Aktivitäten.
Erscheint die persönliche Karte gleichzeitig, so wird der Fragende beschattet.

*Mit Nachbarkarten:*
Sie sagen aus, von wem Gefahr droht.
König von Becher – Blonder Mann.
König von Schwert – Polizei, Staatsanwaltschaft, Behörde.
6 von Stab – Mitarbeiter, Untergebener, Angestellter.

*Verkehrt:*
Plötzliche Krankheit, unvorhergesehene Schwierigkeiten, Kummer, Tränen, unwillkommener Eindringling.

*Mit Nachbarkarte:*
Zusammen mit 2 von Stab – Viele unangenehme Überraschungen.

## 10 von Schwert

Schicksalsschläge: Eine Illusion wird zerstört. Ungewöhnliche Ereignisse, Tränen, Trauer, Verzweiflung, Liebeskummer.

*Mit Nachbarkarten:*
Tod – Tod eines nahen Verwandten.
10 von Stab – für eine Frau: Achtung, Rivalin!
7 von Schwert – Enttäuschung.

*Verkehrt:*
Vorübergehend bessert sich vieles. Beförderung, Überlegenheit, Bevorzugung, Können, Vorteil, Profit.
Aber auch: Mißverständnisse mit Bekannten und Freunden.


## 9 von Schwert

*Eine Karte mit negativen Voraussagen.* Mißerfolg, Verzögerung, Enttäuschung, unglückliche Liebe, Hoffnungslosigkeit, Auseinandersetzung.
Auch: Kloster, Mönch, Klosterfrau, Kirche.
Allgemein ungünstige Prognosen; auch die Nachbarkarten werden beeinflußt.
*Tip:* Verschieben Sie Unternehmungen und wichtige Dinge.

*Verkehrt:*
Verzweiflung, Scham, Gefängnis, scheinbar unüberwindbare Probleme.
*Tip:* Überprüfen Sie die Freundschaft mit einer zweifelhaften Person.


## 8 von Schwert

*Ungünstige Karte.* Ausdauernd im Studium. Unwichtige Details werden zu wichtig genommen. Intelligent, großzügig. Krise, Konflikt, Kummer, Verleumdung, auch Krankheit, Kritik, Kontrolle, Urteil. Berechtigte Vorwürfe von Freunden.

*Verkehrt:*
Schwierigkeiten, Hindernisse, Katastrophe, Verlust einer Freundschaft, Unruhe, Opposition, Täuschung.

*Mit Nachbarkarten:*
Tod – Ein Zwischenfall kommt den Fragenden teuer zu stehen.
10 von Stab – Es gilt, Hindernisse zu überwinden.

## 7 von Schwert

Hoffnung überstrahlt das Dunkel. Hoffnung, Vertrauen, Entwurf, Versuch, Sehnsucht, Wille, Wünsche, Erwartungen, begrenzte Erfolge, heimliche Bindung.
Für eine verheiratete Frau: Kindersegen.
Für einen Geschäftsmann: Er wird bald in bescheidenem Wohlstand leben.

*Mit Nachbarkarten:*
7 von Scheibe – Der Fragende bekommt endlich das erwartete Geld.
Eins von Schwert, umgekehrt – Geburt in der Familie.

*Verkehrt:*
Frauen sorgen für Verwirrungen. Guter Rat wird mißachtet. Unrealisierbare Hoffnungen und Wünsche; keine Aufstiegschancen.

## 6 von Schwert

Die Aussagen der Nachbarkarten sind stärker. Reise, Weg, Pfad, Straße, Spaziergang, Wanderung, Ortswechsel, Laufereien um Papiere, Dokumente. Großer Ehrgeiz.

*Mit Nachbarkarten:*
4 von Scheibe – Der Fragende wird in eine juristische Sache verwickelt.
König von Stab – Ein einflußreicher Mann hilft dem Fragenden in einer verzwickten Angelegenheit. Hindernisse werden beseitigt. Erfüllung durch Arbeit. Neue Chancen und Möglichkeiten, langsam ansteigender, anhaltender Erfolg.

*Verkehrt:*
Reklamation, Selbstsucht, Drang zu dominieren, Publicity-Sucht.
*Achtung:* Auf Reisen droht Gefahr.

## 5 von Schwert

Schwierigkeiten, Disharmonie, Boshaftigkeit, Beleidigung, Degradierung, Zerstörung.
Alles, was sich auf Verlust bezieht, auch im übertragenen Sinn. Schaden, Diebstahl, Verschleudern, Neid, Korruption.

*Mit Nachbarkarte:*
Ritter von Schwert für einen Mann – Gefahr, daß ihn seine Partnerin verläßt.
Ritter von Schwert für eine Frau – Sie hat eine Rivalin.

*Verkehrt:*
*Diese Karte bringt Kummer und Tränen.* Bitterkeit, Traurigkeit; manchmal auch Trauer durch einen Todesfall in der Familie. Verlust. Niederlage im Denken und Tun. Unstimmigkeiten in der Liebe.

*Mit Nachbarkarte:*
Ritter von Becher – Todesfall in der Familie.


## 4 von Schwert

Einer Periode voller Schwierigkeiten folgt Ruhe und Sicherheit. Nach schwierigen Geschäftsumdispositionen folgt Überfluß.
Aber auch: Einsamkeit, Exil, Grab, Isoliertheit, Zurückgezogenheit, Vergessenheit, Verlassenheit, Einsiedelei, mystische Gedanken, Kloster.
Wenn diese Karte beim Auslegen *als erste* erscheint: Eine Frau im Bekannten- oder Verwandtenkreis trägt sich mit dem Gedanken, ins Kloster einzutreten.

*Mit Nachbarkarte:*
8 von Schwert – Für Fragenden: böse Verleumdungen über ihn sind im Umlauf.

*Verkehrt:*
Umsichtiges Handeln, Ersparnisse, Bescheidenheit, Geiz, gute Organisation, Ordnung, Sicherheit, Reserve, Testament.

*Mit Nachbarkarte:*
4 von Schwert – Kritik von anderen, Klatsch.

## 3 von Schwert

Was diese Karte aussagt, ist sehr ungenau und kann nur in Verbindung mit Nachbarkarten gedeutet werden. Große Enttäuschung, Bruch, Trennung, Entfernung, Verschwinden. Bezeichnet alles, was weit weg ist. Abreise, Abneigung, Gefühlskälte.

Aber auch: Mißverständnisse werden durch eine Aussprache wieder bereinigt. Sympathie und Hilfe für arme und in Not geratene Menschen.

*Mit Nachbarkarten:*
Rad des Lebens – Verlassen Sie sich nicht zu sehr auf Ihr Glück!
Tod mit Einsiedler, verkehrt – Vorsicht! Vertrauen Sie nicht schrankenlos einer sehr starken Persönlichkeit.

*Verkehrt:*
Unzufriedenheit, Verirrungen. Sucht, Zerstreuung. Verlust, Streit mit einem Freund, harter Meinungsaustausch, Entfremdung, Zerstörung, Verwirrung, Irrtum, Wahnsinn.

*Mit Nachbarkarte:*
Knappe von Scheibe – Ein Bekannter plant unschöne Dinge gegen Sie.

## 2 von Schwert

Diese Karte verspricht Ihnen Freundschaft, Bindung, Schutz von bedeutenden Personen.

Erfolgreiche Bewältigung von Schwierigkeiten. Unentschlossenheit, selbstlose Freundschaft, Zuneigung. Großes Geschenk, Zärtlichkeit, Sympathie, Zuneigung, Intimität.

Auch: Mitleid für Trauernde.

*Mit Nachbarkarten:*
Einsiedler – In einer Freundschaft kriselt es.
König von Scheibe – Tiefe Freundschaft mit dunkelhaarigem Mann.

*Verkehrt:*
Lüge, Verleumdung, Falschheit, egoistisches Handeln, Betrug, Täuschung, Oberflächlichkeit. Schaden durch Übermaß im Essen und Trinken. Heuchelei, Doppelzüngigkeit von angeblichen Freunden.

Auch: Unfähig, Begonnenes zu beenden.

*Mit Nachbarkarte:*
Turm, gerade oder verkehrt – Ihre Vorarbeiten bringen keine guten Resultate.


## Eins von Schwert

Leidenschaft, Übertreibung im Guten wie im Bösen, Narrheit, Wahnsinn, ernste Konflikte.

*Mit Nachbarkarte:*
Turm – Finanzielle Katastrophe.

*Verkehrt:*
Eine Karte, die *ausschließlich negativ* aussagt. Unbeständigkeit, Vertrauensbruch, große Enttäuschungen, Übertreibungen im Negativen.


# Gehäuft auftretende gleichrangige Karten

Gleichrangige Figurenkarten der Kleinen Arkanen können in einem Päckchen oder beim Auslegen unmittelbar aufeinanderfolgend zu zweit, zu dritt oder zu viert erscheinen. Das hat dann folgende Bedeutung:

| | |
|---|---|
| 4 KÖNIGE | – Ruhm und Anerkennung |
| 3 KÖNIGE | – Erfolg durch Handel |
| 2 KÖNIGE | – überraschendes Wiedersehen |

| | |
|---|---|
| 4 KÖNIGINNEN | – Sie steigen aus einem Geschäft aus. |
| 3 KÖNIGINNEN | – hinterlistige Frauen |
| 2 KÖNIGINNEN | – böse Zungen |

| | |
|---|---|
| 4 RITTER | – finanzieller Erfolg |
| 3 RITTER | – Glück im Spiel |
| 2 RITTER | – Sie können Ihre Schulden bezahlen. |

| | |
|---|---|
| 4 KNAPPEN | – schwere Krankheit |
| 3 KNAPPEN | – Heilung der geliebten Person |
| 2 KNAPPEN | – Desinteresse an der Liebe |
| | |
| 4 ZEHNER | – Sie ziehen um. |
| 3 ZEHNER | – große Reise |
| 2 ZEHNER | – kurze Reise |
| | |
| 4 SIEBENER | – Geburt von Zwillingen |
| 3 SIEBENER | – Geburt eines Knaben |
| 2 SIEBENER | – Geburt eines Mädchens |
| | |
| 4 EINSER | – sozialer Aufstieg |
| 3 EINSER | – gute Heirat |
| 2 EINSER | – Ehebruch |

## Zuordnung der 4 Figuren der Kleinen Arkanen zu den Planeten

| | |
|---|---|
| KÖNIG | – *Sonne* |
| KÖNIGIN | – *Mond* |
| RITTER | – *Mars* |
| KNAPPE | – *Merkur* |

# AUS DER PRAXIS DES KARTENLEGENS

## Beispiel 1 –
## Soll ich oder soll ich nicht?

Auslegen und Deuten mit den 58 Karten der Kleinen Arkanen.
(Zum Vorgang des Auslegens bitte auf Seite 25 ff. nachschlagen.)

Der Fragende, ein junger blonder Mann mit blauen Augen, selbstbewußt und mit positiver Ausstrahlung, ist nach eigenen Angaben freischaffender Künstler.

Seine persönliche Karte ist RITTER VON BECHER.

Das sind die von rechts nach links ausgelegten Karten. Gelesen wird von rechts nach links:

| 6/Schwert | 10/Becher | Knappe/Becher | As/Stab |
|---|---|---|---|
| 11 | 10 | 9 | 8 |
| 5/Becher | 2/Becher verkehrt | 7/Becher | König/Stab |
| 7 | 6 | 5 | 4 |
| Ritter/Scheibe | Königin/Schwert | 3/Stab | |
| 3 | 2 | 1 | |

(Aus satztechnischen Gründen können wir das Bild der ausgelegten Kartenreihe hier nur in mehreren Teilen zeigen. In Wirklichkeit liegt Karte 1 rechts außen.)

Das Gesamtbild der ausgelegten Karten ist positiv. Die Frage kann mit einem klaren Ja beantwortet werden. Die vorherrschende Farbe der Becher verspricht Glück in der Liebe. Aber nicht nur in Herzensdingen schöpft der Fragende aus dem Vollen, er hat auch beruflich gute Aussichten, das sagen 3/Stab und As/Stab aus. Anerkennung, Ruhm und ausgezeichnete Zukunftschancen sind ihm sicher. Die Zahl 6 am Ende der Karten spricht von Fortschritt und Ausbau der Existenz, die Zahlen 5 und 3 sind ebenfalls günstig für die allgemeine Voraussage. Finanzieller Erfolg ist vorerst noch im Hintergrund.

Die Karten der Reihe nach und in ihrer nachbarschaftlichen Einwirkung:

Die Wünsche des Fragenden beginnen auf dem beruflichen Sektor langsam Wirklichkeit zu werden. Es gelingt ihm, seine Pläne Schritt für Schritt zu realisieren. Er hat Erfolg und kann sich eine eigene Existenz aufbauen. Es winken Ansehen, Ruhm und außergewöhnliche Zukunftschancen (**3/Stab**). Eine mutige, außergewöhnliche und begeisterungsfähige Frau mittleren Alters hilft ihm, sie ebnet ihm die Wege, die er für seine Berufslaufbahn benötigt (**Königin/ Schwert**). Mit dem Ruhm stellt sich bei ihm der Wunsch nach Gewinn und Besitz ein. Er erhält neben Anerkennung auch finanziellen Erfolg. Der materielle Gewinn steht im Zusammenhang mit Reisen. Der junge Mann verfolgt seine Ziele mit Fleiß, Zähigkeit und Ausdauer. Gewinn und Profit bleiben nicht aus (**Ritter/ Scheibe**). Erfolg und Ruhm sind eng verknüpft mit dem Rat und der Hilfe eines reifen, strengen, väterlichen Freundes, der entweder im Ausland lebt oder den Fragenden unter seinem Schutz ins Ausland schickt (**König/Stab**). Das Wunschdenken des Fragenden wird zum Teil Wirklichkeit. Er zeigt in seinem künstlerischen Schaffen großen Einfallsreichtum und neue Ideen, aber auch der Wille und die Entschlossenheit vorwärtszukommen, schenken ihm unerwartetes Glück (**7/Becher**). Streß und Überforderung bringen Unstimmigkeiten in eine freundschaftliche Liebesbeziehung. Andererseits hat der Fragende durch seine Erfolge als Künstler unzählige Chancen bei Frauen, die er auch wahrnimmt. Er stürzt sich in wechselhafte Lieben und Leidenschaften. Dadurch zerbricht seine erste Bindung (**2/Becher, verkehrt**).

Eine Person verschafft sich aus einem Fehler des Fragenden in der Vergangenheit gewisse Vorteile (**5/Becher**). Möglich, daß eine Geburt ins Haus steht. Seine berufliche Position verbessert sich weiter (**As/Stab**). Eine junge Frau mit denselben Interessen, eventuell demselben Beruf, begegnet dem Fragenden. Tiefe Freundschaft und Liebe entwickelt sich (**Knappe/Becher**).

Der Fragende hat inzwischen die wilden Jahre hinter sich gebracht. Er gründet eine Familie und lebt glücklich in einem schönen Heim. Glück und Erfolg im Berufsleben sind ihm weiterhin treu. Eine Zeitlang gibt es keine wesentlichen Veränderungen (**10/Becher**). Doch dann erwacht der Ehrgeiz des Fragenden von neuem, und er ist nicht mehr zu bremsen. Er baut seinen Arbeitskreis, seine Existenz weiter aus, voraussichtlich in einem anderen Land, und macht auch hier große berufliche Fortschritte. Viele Behördengänge stehen ihm bevor; er hat mit Papierkram und Dokumenten zu tun. Das alles deutet auf Reisen in ferne Länder. Aber es steht keine Reise ins Ungewisse bevor. Eine sichere und problemlose Zukunft erwartet ihn (**6/Schwert**).

# Beispiel 2 –
# Das Liebesorakel

Auslegen und Deuten mit den 78 Karten der Kleinen und Großen Arkanen (vgl. dazu Seite 37 f.).

Der Fragende ist Forstbeamter in mittleren Jahren, unverheiratet. Seit einem Jahr hat er eine feste Partnerin, die wesentlich jünger ist als er.

Seine persönliche Karte:               Ritter/Stab
Die Nebenkarte:                   König/Stab

Die persönliche Karte für die Partnerin: Knappe/Becher
Die Nebenkarte:                   3/Schwert

So wurde ausgelegt:

| Fragender: | | Partnerin: |
|---|---|---|
| Das Gericht | | 2/Stab |
| Knappe/Schwert | | As/Schwert |
| 10/Stab | | 4/Stab |
| 5/Stab | | 10/Scheibe |
| Königin/Scheibe, verkehrt | | 6/Becher |

| Ü: | Ü: | Ü: (Ü = Überraschungskarte) |
|---|---|---|
| 3/Becher | 10/Becher | 2/Becher |

*Die Karten der Partnerin sagen aus über:*
Zustand – Wünsche – Möglichkeiten.
*Die Karten des Fragenden sagen aus über:*
Gedanken – Wünsche – Probleme.

*Partnerin:*

Sie ist kein Durchschnittsmensch, kein alltäglicher Typ, sondern eine starke Persönlichkeit. Allerdings leicht aufbrausend und mit einem gewissen Hang zur Melancholie und zum Pessimismus (**2/Stab**). Obwohl in vielen Dingen realistisch, neigt sie zu Übertreibungen bis hin zur Maßlosigkeit und gerät dadurch mit der Umwelt in ernste Konflikte (**As/Schwert**). Ihre Wünsche bewegen sich um Frieden, Ruhe, Harmonie, Glück, gutes Einvernehmen mit allen Menschen. Daraus kann sie Kraft schöpfen. Möglich, daß sich demnächst eine Geburt ankündigt.

Obwohl sie es nicht zugeben will, leidet sie unter einer gewissen seelischen Vereinsamung. Sie ist außerdem unentschlossen, und ihre Gedanken bewegen sich immer wieder um die eine Frage: »Soll ich eine vertragliche Bindung (Eheschließung) eingehen oder nicht?« (**4/Stab**). Die Aussichten für eine Familiengründung sind gut, denn das Glück steht vor der Tür: Unerwartete, wenn auch bescheidene Gewinne finanzieller Art erwarten sie, vielleicht eine Erbschaft, mit Sicherheit der Erwerb einer Wohnung oder gar eines Hauses (**10/Scheibe**). Die Partnerin ist sich über die Dauerhaftigkeit der Beziehung noch nicht sicher, zögert daher mit einer Einwilligung und will sich auch nicht zu einem Eheversprechen drängen lassen. Diese Unentschlossenheit hat wahrscheinlich ihre Wurzeln in Erlebnissen aus der Kindheit (**6/Becher**).

*Fragender:*

In das Leben des Fragenden gerät endlich Bewegung. Dinge, die bisher in Schwebe waren und wie ein Damoklesschwert über ihm hingen, kommen zur Reife und werden zu Ende gebracht. Es gibt Wechsel und Veränderung beruflicher Art infolge Druck durch Vorgesetzte. Gleichzeitig und vielleicht parallel dazu verliert der Fragende in einer juristischen Angelegenheit.

Der Fragende selbst kennt die anstehenden Probleme sehr gut. Die bevorstehende berufliche Veränderung ist ihm nicht ganz unwillkommen, denn er will Neues kennenlernen und hat auch das Bestreben nach mehr persönlicher Freiheit. Seine Gedanken beschäftigen sich schon seit längerer Zeit mit einem durch ihn herbeizuführenden Orts- oder Berufswechsel (**Das Gericht**).

Er tut gut daran, seine Pläne für sich zu behalten. Ja: unbedingte Verschwiegenheit in allem, was er plant und tut, ist anzuraten; denn der »Feind« schläft nicht. Der Fragende wird bespitzelt und überwacht. Ein Freund verrät ihn (**Knappe/Schwert**). Auf der Suche nach Neuem im Zuge der geplanten Veränderung fährt er in fremde Städte und sogar in fremde Länder. Dadurch und durch andere bedrückende Zwischenfälle stürzt er sich in Streß und Überlastung (**10/Stab**). Im Beruf tobt ein harter Konkurrenzkampf. Zornesausbrüche seiner Gegner, angezettelter Streit stellen ihn auf eine harte Probe.

Der Fragende entwickelt vermehrt Aktivität für eine positive Veränderung (**5/Stab**), aber im allgemeinen dominieren Unsicherheit und Unentschlossenheit. Hinzu kommt eine gewisse Oberflächlichkeit bis hin zum Leichtsinn (**Königin/Scheibe, verkehrt**).

*Rettung bringen die 3 Überraschungskarten:*
Sie prophezeien Harmonie und Einklang mit der Partnerin; eventuell Schwangerschaft. Ein Problem löst sich von selbst (**3/Becher**). Neuer beruflicher Erfolg durch Veränderung der Situation. Verbesserung auch in finanzieller Hinsicht. Glück und Verstehen, gegenseitige Liebe (**3/Becher**). Das Füllhorn des Glücks wird über die beiden ausgeschüttet.

Nicht nur in Herzensdingen geht alles in Ordnung; Glück gibt es auch im Kreis der weiteren Familie. Geistige Weiterentwicklung sowie finanzielle Sorglosigkeit und gesellschaftliches Ansehen sind gewährleistet.

Eine Person kümmert sich in Zukunft um den Fragenden und steht ihm und seiner Partnerin zur Seite. Weiterhin beruflicher Erfolg, harmonisches Familienleben (**10/Becher**). Auch die letzte Karte bestätigt Glück in Herzenssachen, Harmonie mit der Partnerin.

Das Interesse des Fragenden an Heim und Häuslichkeit nimmt weiter zu. Die Chancen für eine Heirat stehen gut (**2/Becher**).

# Beispiel 3 –
# Liebe – Familie – Zukunft

mit den 22 Karten der Großen Arkanen

Wir legen die Karten in der auf Seite 38 f. beschriebenen Weise aus. Die Fragende ist eine reife Frau in den besten Jahren.
Ihre persönliche Karte: I DER MAGIER

Die Karten sind in 3 Reihen zu je 7 Karten auszulegen, von rechts nach links (die Ziffern bedeuten die Reihenfolge des Auslegens):

### 2. Block

| Das Rad des Lebens | Der Gehenkte | Das Gericht |
|---|---|---|
| 7 | 6 | 5 |
| Der Teufel | Die Kraft | Der Tod |
| 14 | 13 | 12 |
| Der Narr | Die Hohepriesterin | Die Welt |
| 21 | 20 | 19 |

### 1. Block

| Der Hohepriester | Der Einsiedler | Die Sonne | Der Turm |
|---|---|---|---|
| 4 | 3 | 2 | 1 |
| Der Ausgleich | Die Herrscherin | Die Gerechtigkeit | Der Stern |
| 11 | 10 | 9 | 8 |
| Der Herrscher | Der Triumphwagen | Der Mond | Die Liebenden |
| 18 | 17 | 16 | 15 |

(Aus satztechnischen Gründen können wir das Bild der ausgelegten 3 Kartenreihen nur in zwei Blöcken zeigen. In Wirklichkeit ist der 1. Block rechts neben dem 2. Block zu plazieren.)

*Liebe*

Eine flüchtige Beziehung bringt die Fragende in Schwierigkeiten. Finanzieller Ruin und andere, unvorhergesehene Schwierigkeiten bahnen sich an (**Der Turm**). Der Partner der Fragenden hält treu zu ihr. Langsam geht es wieder aufwärts, auch finanziell gewinnt man wieder Boden unter den Füßen (**Die Sonne**).

Das Glück dauert nicht lange. Neue Schwierigkeiten mit dem langjährigen Partner bahnen sich an. Klugheit und Vorsicht sind geboten. Eine Person aus dem Bekanntenkreis bringt Gefahr. Wenn die Fragende die Nerven nicht verliert, schlagen alle Bemühungen des Gegners ins Leere. Sie sollte nur wirklich zuverlässigen Freunden vertrauen (**Der Einsiedler**). Die Fragende eilt zu einer starken Persönlichkeit und bittet um Hilfe. Diese Person hat nicht nur die nötige Kraft, sondern auch die Inspiration, um wirksam zu helfen. Die Fragende befolgt weiterhin guten Rat; das Glück kehrt wieder ein (**Der Hohepriester**). Es gelingt ihr, die gegen sie laufende Kampagne aufzudecken und ihren guten Ruf wiederherzustellen. Ihr Partner glaubt und vertraut ihr wieder. Sie kann nun ihre Aufmerksamkeit auf andere Dinge, höhere Ziele, lenken. Alles, was sie jetzt anfaßt, gelingt (**Das Gericht**).

Obwohl die Karten Gutes aussagen, gerät die Fragende vorübergehend durch Überarbeitung in eine gesundheitliche Krise. Durch Klugheit und Umsicht erreicht sie sehr viel; finanzielle Probleme lösen sich ganz nebenbei (**Der Gehenkte**). Positive Veränderungen stehen an; der Kraftstrom nimmt zu, in Herzensdingen ist und bleibt alles im Lot (**Das Rad des Lebens**).


*Familie*

In der Familie kehren Harmonie und Zufriedenheit ein. Finanzielle Erfolge, Gewinne und erfolgreiche Unternehmungen (**Der Stern**) unterstützen diesen Trend. Die Fragende schaltet in Haus und Heim vorbildlich. Sie gewinnt daraus Kraft zu neuen Unternehmungen. Sie versöhnt sich mit ihren Gegnern. Es gelingt ihr, Widerwärtiges, das ihren Angehörigen droht, abzuwehren. Allgemein ist sie Schutz und Stärke aller Familienangehörigen (**Die Gerechtigkeit**). Ihre Liebe und Güte überstrahlt alles.

Schwierigkeiten innerhalb der häuslichen Gemeinschaft sind zu erkennen. Bedingungslose Kameradschaft wird gefordert und gegeben (**Die Herrscherin**). Bei Streitfällen greift sie ein und wendet so alles zum Guten **(Der Ausgleich)**. Eine Veränderung, vielleicht auch kurzfristige Trennung, ist in Sicht. Es handelt sich jedoch nicht um Scheidung **(Der Tod)**; und die Karte **(Die Kraft)** prognostiziert ein gutes Ende.

Zunächst ereignet sich viel Widersprüchliches; und eine lange Reihe trauriger Ereignisse und Veränderungen zeichnet sich ab. Empfehlenswert: eine Milieuveränderung.

Hoch und Tief wechseln sich immer wieder ab. Insgesamt aber stehen die Karten gut.

Es folgen auch Jubel, Trubel, Wirbel, Aufregung, eine wilde Zeit, aber es wird auch wieder ruhiger. Dank einer tapferen, selbstdisziplinierten Person voller Idealismus kommen die Dinge wieder ins Lot, denn diese einflußreiche Person setzt sich energisch für die Fragende ein **(Der Teufel)**.


*Die Zukunft*

Die Fragende erlebt Glück und Schönes in Herzensangelegenheiten, doch es gibt Hindernisse und Feinde, die sie verleumden. Situationen voller Gefahren bedrohen sie. Sie wird jedoch von einer gütigen, väterlichen Person unterstützt **(Die Liebenden)**. Eine Reise verläuft nicht ohne Zwischenfälle. Es drohen Gefahren, wiederum Feinde, Verleumdungen, böse Zungen. Mit Klugheit und Geschicklichkeit wird die Fragende Herr der Dinge **(Der Mond)**. Allen Feinden und Gefahren zum Trotz geht sie mit Riesenschritten ihrem Ziel entgegen. Nichts kann ihr wirklich schaden. Am Ende erwarten sie Sieg, Ruhm, Anerkennung **(Der Triumphwagen)**. Sie hat nicht nur Erfolg, sie ist unbeirrbar, nicht zuletzt wegen ihrer Loyalität und ihres Mutes. Sie gewinnt immer mehr an Autorität und Macht, die sie jedoch nur positiv verwendet. Glück und Erfolg, Belohnung für das Geleistete sind ihr sicher **(Der Herrscher)**, **(Die Welt)**. Eine weise, geheimnisvolle Frau, scharfe Denkerin und reich an Wissen, zieht die Fragende in ihren Bann. Das könnte gefährlich werden. Doch die Fragende handelt mit Vorsicht und Klugheit **(Die Hohepriesterin)**. Begeisterung und Eifer im Einsatz für ihre Sache treiben die Fragende bis an den Rand des gesetzlich Erlaubten. Sie ist dadurch in großer Gefahr; ein »Krokodil« lauert auf sie, das sie verschlingen will **(Der Narr)**. Doch die Fragende hat in Zukunft nichts mehr zu befürchten.

# Tarot
# der Eingeweihten

Tarotkarten sind Karten der »Eingeweihten«. Sie tragen die Symbole der Einweihung in das tiefe Wissen um die gesamte Schöpfung. Jede Karte, von Eingeweihten richtig interpretiert und angewendet, vermag Kräfte zu entfalten, die in ihrem Zusammenwirken selbst die schöpferischen Kräfte des Weltalls beeinflussen können.

Tarotkarten sind keine Karten des Glücks oder Unglücks: Sie zeigen vielmehr Probleme und deren Ursachen auf und bieten Lösungen an. Sie sind immer positiv, denn sie geben dem Menschen die Möglichkeit, die Dinge ins Gute zu wenden.

Rhythmus beherrscht die gesamte Natur. Auch der Lebensweg des Menschen unterliegt dem Rhythmus; und Freud und Leid wechseln sich kontinuierlich ab. Die Karten machen zugleich auf Hindernisse und Schwierigkeiten aufmerksam. Aber auch hier mahnen und warnen sie nicht nur, sie geben das Rezept mit, die Probleme zu lösen.

## I DER MAGIER

Die erste Karte ist das Symbol des Schöpfers des Universums, des Unendlichen, Ewigen, Unfaßbaren und Unbegreiflichen. Jener kennt die Gesetze der Ewigkeit, denn er schuf sie von Anfang an. Aus ihm ging alles hervor; in ihn kehrt alles zurück.

Der Magier ist die Karte des aktiven Absoluten. Die Zahl I verkörpert hier auch die Einheit der Schöpfung.

## II DIE HOHEPRIESTERIN

Diese Karte ist die Spiegelung der ersten, das passive Absolute, das Bild des Sohnes, der Natur. Sie ist Symbol für Erhaltung und Bewahrung, für vollkommene spirituelle Reinheit. Der Sohn des Schöpfers, die Natur. Der Mensch, der die Liebe auffängt, wieder zurückstrahlt und durch die Liebe die Schöpfung bewahrt: Der Mensch, der göttliche Erhalter.
Wissende Liebe ist das Symbol dieser Karte.

## III DIE HERRSCHERIN

Sie ist die neutralisierende Kraft, das Ergebnis der gegenseitigen Einwirkung der ersten beiden Kräfte. Das absolute Schöpferische und das absolute Passive neutralisieren sich in der Kraft des Ausgleichs. Hier ist das Gleichgewicht zwischen Vater und Sohn, zwischen Gott und der Schöpfung – der Geist Gottes, die Seele, die alles beseelende, alles durchdringende Lebenskraft.

## IV DER HERRSCHER

Eine Karte mit beherrschender Aussagekraft: die Herrschaft des Willens Gottes im Universum, die Beherrschung des Alls durch seine Gesetze, die Herrschaft des Geistes über die Materie. Auch die vierte Karte drückt eine Spiegelung aus, die Spiegelung der ersten, des göttlichen Willens, und der zweiten, des menschlichen Könnens, sowie die Spiegelung der dritten Karte, die Spiegelung der Seele der gesamten Schöpfung.
Gott beherrscht die gesamte Schöpfung. Um das Wesen Gottes zu erfassen, müssen wir seine Gesetze kennen.
Die vierte Karte reflektiert nicht nur die drei ersten Symbole; sie gibt diesen Einfluß auch auf die drei nachfolgenden Karten weiter.

## V DER HOHEPRIESTER

Das ist die Karte des Seins, des Atems. Ohne Atmung kein Leben. Der Hohepriester entspricht dem Intellekt und den oberflächlichen wie den geheimsten Wünschen, vertritt Autorität, Glauben und

Religion. Intellekt und Wünsche werden vom »inneren Lehrer«
geführt, dem Unterbewußtsein. Es steht in ständigem Kontakt mit
dem Bewußtsein.

## VI ENTSCHEIDUNG (Die Liebenden)

Als Fortsetzung zur fünften Karte stellt sie den geistigen Wandel
dar: die Entscheidung zwischen der geistigen und der sinnlichen
Liebe. Die Liebe zieht Gegensätze an und vereint sie. Der Kampf
zwischen Leidenschaft und Gewissen endet im Gleichgewicht, in
der Harmonie der Liebe.

## VII WAGEN DES OSIRIS

Licht ist am Schatten erkennbar. Ohne Nacht kein Tag. Das Irdi-
sche muß ganz beherrscht werden; dann erst beginnt die höhere
Entwicklung. Im Triumphwagen führt Gott seine Schöpfung der
Vollkommenheit entgegen. Die guten wie die bösen Kräfte müssen
dem Schöpfer dienen, seinen Plan zu vollenden.

## VIII DIE GERECHTIGKEIT

Lerne das Wahre vom Falschen zu unterscheiden. Erkenne die
Wahrheit, dann wirst du frei sein von jeglicher Furcht. Harmonie
und Gleichgewicht werden deine Begleiter sein in jeder Lebenslage,
denn Freude und Leid bringen dich der Vollkommenheit näher.
Gerechtigkeit herrscht durch den Wandel der Zeit und durch die
Zeit selbst. Die Zeit, da sich die Wahrheit offenbart, kann auch erst
nach dem irdischen Leben eines Menschen eintreten.

## IX DER EREMIT

Wegweiser, Vorbild, Erleuchter, Bekämpfer geistiger Dunkelheit.
Die Menschheit ist vom göttlichen Geist beseelt. Er ist die schöpferische Kraft im Menschen, die Kraft, die Weisheit und Klugheit
zeugt. Der Weise ist ein Pilger in diesem Leben auf dem Weg
dorthin, wo es die Fesseln des Körpers nicht mehr gibt.

# X DAS RAD DES LEBENS

Im Wechsel von Auf und Ab, wie das Leben selbst, so dreht sich das Rad. Strebe nach immer mehr Wissen und halte das erworbene fest. Um dir das nötige Wissen anzueignen, mußt du wollen und dafür etwas wagen. Verschließe den Mund und schweige, wenn die Zeit da ist, da dich das Rad nach unten führt. Das Schicksal ist eine Folge unseres eigenen Handelns: in diesem Leben und im Vorsein. Eine starke Kraft dreht das Rad, eine gleichmäßige und gerechte. Es dreht sich so lange, bis alles Negative abgefallen ist.

# XI DIE KRAFT

Kraft ist hier gleichbedeutend mit Liebe. Der Mittelpunkt der 22 Karten der Hohen Arkanen. Die alles überwindende Kraft der reinen Liebe ist unbesiegbar. Der von der reinen Liebe beseelte Mensch wird selbst seine Feinde gewinnen.

# XII DIE PRÜFUNG

Disziplin und Unterwerfung in den Willen der Vorsehung auch in Zeiten schwerer Prüfung. Durch widerstandsloses Sich-Ergeben in das unabwendbare Schicksal kann die Materie überwunden werden.

# XIII DER TOD

Tod bedeutet Umwandlung, Geburt zu einem neuen Leben. Der Astralleib lebt auf einer höheren Ebene weiter. Der Tod ist ein Übergang und kein Ende; er ist Anfang und Ende zugleich. Umformung alles Lebenden.

# XIV UNSTERBLICHKEIT

Nach dem irdischen Tod gewinnt die Seele eine andere Form. Die Essenz des »verflossenen« Lebens wird in ein anderes Gefäß gegossen. Kein Tropfen geht dabei verloren. Seele und Geist werden umgeformt zu neuem irdischem Leben; es gibt noch kein Eingehen in Gott.

# XV DER SCHWARZMAGIER

Die Schüler des Bösen sind gefesselt, ihrer Freiheit beraubt. Wer mit Macht an den Ketten rüttelt, bringt den dämonischen Thron ins Wanken. Falsch angewendet, wird die beseelende Kraft des Universums zur vernichtenden Kraft.

# XVI DIE ZERSTÖRUNG

Negativen Kräften gehorchend hat der Mensch ein Reich voll Dummheit und Egoismus aufgebaut. Auf materialistisches Denken und die sich daraus ergebenden falschen Handlungen folgen Vernichtung und Fall.

# XVII DIE STERNE

Die Seele ist endlich befreit von der Wiedergeburt und kehrt zurück in die Einheit mit Gott. Die Seele ist unsterblich, die Kraft der Erneuerung ewig.

# XVIII DER MOND

Er ist das Symbol für die materielle Existenz. Die Mächte der Nacht sind am Werk. Es gilt der Fall in das Chaos durch die Herrschaft der niederen Instinkte. Der Geist scheint in der Materie zu versinken. Der an die Materie gebundene Körper muß seine Leidenschaften überwinden und zahlreiche Prüfungen bestehen, bis er den eingeschlagenen Irrweg erkennt.

# XIX SONNE DES OSIRIS

Das Licht überwindet das Chaos, der Geist hat gesiegt. Noch immer in der materiellen Welt gefangen, erstrahlt schon in voller Kraft das göttliche Licht. Geist ist reflektiertes Licht. Er beeinflußt von neuem die Materie, und diese beginnt ihren Aufstieg zu Gott.

## XX  UNSTERBLICHKEIT

Rückkehr zu Gott, letzter Aufstieg ins Licht. Überwindung alles Körperlichen, Unvergänglichkeit.


## XXI  ALLES IN ALLEM

Der Geist hat über die Materie gesiegt. Gott herrscht in Ewigkeit über seine Schöpfung. Das Einswerden mit Gott, der Zustand der Vollkommenheit und Harmonie, ist erreicht.


## O  DER NARR

Die Materie erreicht ihre höchste Entwicklungsstufe. Instinkt und Intellekt entwickeln sich. Die Materie kehrt zurück zu Gott.


**Anmerkung:**

Wie Sie vergleichend feststellen können, unterscheiden sich die Karten des »Tarot der Eingeweihten« in ihrem Aufbau etwas von den Karten des »Klassischen Tarot« und des »Zigeunertarot«.

So beginnt z. B. im klassischen Tarot DER NARR mit der Zahl Null (0) und nehmen DIE KRAFT Platz VIII sowie DIE GE-RECHTIGKEIT Platz XI ein, während bei der Auflistung der Karten der Eingeweihten DER NARR an letzter Stelle steht und die Plätze von Karte VIII und Karte XI vertauscht sind. Auch die Bezeichnungen der einzelnen Karten sind nicht genau dieselben, analog der etwas unterschiedlichen Auffassung und Interpretation.


# 22 Stationen auf dem schmalen Pfad zur Einweihung

1. Willst du eingeweiht werden, so lege das Wissen der Nichtwis-senden vor den Toren des Tempels ab. Klopfe an mit der Rein-heit des Geistes, der Kraft deines Wollens sowie der Demut des Herzens und begehre den Einlaß.

2. Wahres Wissen erschließt sich dir nur in der Stille. Steige hinab in die Tiefen des Selbst, sinne und forsche; hebe den verborgenen Schatz.

3. Bleibe nicht in der Versenkung! Steige hinauf in die Höhe. Weite den Horizont. Schau die unendliche Weite des Alls.

4. Erkenne dich selbst und handle danach: Sei Herr deiner selbst.

5. Horche in dich und höre auf andere. Horche in dich hinein und begreife. Denke. Und wenn du verstanden hast, behalte das Wissen in dir.

6. Gehe den richtigen Weg, auch wenn er dir mühsam erscheint. Nur du entscheidest dein Schicksal. Kämpfe mit mutigem Herzen, dann wirst du stark.

7. Vom Weg weiche nicht ab, hast du dich einmal entschieden. Bleibe dir treu. Gib Dämonen keine Chance.

8. Liebe Gerechtigkeit über alles, damit du nicht strauchelst auf deinem Weg. Setze ein Ziel und komm ihm näher mit jedem Tag.

9. Wecke dein Talent, deine Begabungen spüre auf. Finde das Licht in dir und gehe den Weg auch bei Nacht wie ein Weiser.

10. Suche die Gemeinschaft. In der Gemeinschaft erfährst du das Glück. Bewahre dir innere Stärke. Gib deinen Schwächen nicht nach und verachte nicht den, der deiner Hilfe bedarf.

11. Sei diszipliniert. Bezähme die Leidenschaft. Übe Zurückhaltung, wie es dem Weisen geziemt.

12. Sei freigebig mit deinen Schätzen. Unterstütze den Bruder, der nach dem Licht strebt. Gib, ohne Dank zu erwarten.

13. Unnützer Tand wird von dir fallen. Die Menschen sehen dich als ein Skelett. Doch schon bereitest du fruchtbaren Acker für künftige Ernten. Die Geister des Guten erwarten den Tag der Geburt.

14. Stirb, um zu werden. Nach deinem Tod wirst du gehen in ein Leben der Freiheit. Die stoffliche Hülle gib wieder der Erde zurück, während dein Geist sich mit den Kräften des Himmels verbindet.

15. An Tränen und Leid wirst du wachsen. Überwinde die dunklen Instinkte der Nacht und spüre die Kraft in dir selbst, die sich dem öffnet, der an sich glaubt.

16. Praxis und Theorie sind nicht eins. Erstere ist einem Hürdenlauf gleich. Beschränke dich. Verliere das Ganze nicht aus den

Augen. Versuche nicht, an einem Tag den Gipfel zu erstürmen. Irrtum und Schwäche bringen auch den Sucher der Wahrheit zu Fall.

17. Schöpfe Energien nicht maßlos aus dem Brunnen der Weisheit. Sorge für Ausgleich von Ruhe und Tag. Genieße in Maßen die Schönheit des Lebens und freue dich wie ein Kind an den Wundern der Welt.

18. Vergiß nicht den Wechsel von Freude und Pflicht. Nur so kannst du dauerhaft kämpfen. Laß dich nicht täuschen vom Glanz der Materie. Unvollständigen Dingen geh auf den Grund.

19. Halte dein Herz frei für die Kraft der Liebe und Güte. Liebe alle Geschöpfe und versuche, sie zu verstehen wie eine Mutter ihr Kind noch am Tage des Todes.

20. Die Fesseln des Körpers sprengt der erleuchtete Geist. Auf dem Weg zum höheren Leben findest du Inspiration. Du kommst nicht leer an: Vergangenheit, Gegenwart, Zukunft hast du gesammelt im irdenen Krug.

21. Willst du Zukünftiges schauen, blicke in vergangene Zeiten und in die Gegenwart. Sei immer Meister der Zeit. Auch in der Gegenwart blicke über die Zeit hinaus. Im Kosmos herrschen die Mächte der Ordnung. Das Idealbild der Schöpfung erlebe in dir; dann bist du des ewigen Lebens gewiß.

22. Hast du den Gipfel erreicht, ist das All ohne Ende vor dir. Tag und Nacht, beides in einem vereint. Geheimnis des Werdens, Geheimnis des Wandels. Begreife das Nichts und begreife die Göttlichkeit.

Bei tiefem Versenken in die Bildsymbole der Großen Arkanen erkennen wir die geheimnisvolle Verbindung nicht nur zwischen jeder einzelnen aufeinanderfolgenden Karte, sondern auch zwischen zwei beliebig dem Kartenstapel entnommenen Bildsymbolen.

Besonders intensive Verknüpfungen finden wir, wenn wir jede dritte Karte miteinander verbinden, nämlich immer 2 Karten überspringen.

Von dieser Art der Auslegung, genannt »Die vier Heilswege«, geben wir Ihnen auf der folgenden Seite zwei Beispiele:

Den Heilsweg des Osiris und den Isis-Weg, auch als »Weg der Liebe« bezeichnet.

# Der Heilsweg des Osiris
## oder »Der Weg der Tat«

Legen Sie – wie es im Tempel zu Memphis üblich war – die Karten in zwei Reihen aus und werten Sie die Aussagen der einander gegenüberstehenden Karten.

Ausgelegt werden die Karten I, IV, VII, X, XIII, XVI, XIX.

| | |
|---|---|
| I | – Symbol für den erschaffenden, allmächtigen Gott. |
| IV | – Gott lenkt die Schöpfung durch seine Gesetze. |
| VII | – Gott führt die Schöpfung der Vollkommenheit entgegen, u. a. durch Erschaffung des Menschen. |
| X | – Der Wechsel, der Rhythmus im Leben des Menschen, wird hier offenbart. |
| XIII | – Der Tod, ein Übergang auf eine höhere Stufe. |
| XVI | – Alles Irdische wird zerstört. |
| XIX | – Der Mensch ist frei für den Aufstieg zu Gott. |

# Der Isis-Weg
## oder »Der Weg der Liebe«

Ausgelegt werden die Karten II, V, VIII, XI, XIV, XVII, XX.

| | |
|---|---|
| II und V | – Das verborgene Wissen, die Weisheit der Schöpfung, soll erschlossen werden. |
| VIII | – Laß dich nicht von Lehren täuschen, um die ein Tempel errichtet wurde. Erkenne die Wahrheit, indem du den Dingen das Maß der Gerechtigkeit gibst. |
| XI | – Du kommst ans Ziel durch die Kraft der Liebe. |
| XIV | – Die Kraft der Liebe wirkt auch über das irdische Leben hinaus, z. B. beim Umgießen der Lebensessenz in eine neue Form, in ein anderes Gefäß für das irdische Leben. |
| XVII | – Schon ist die Seele befreit von der Wiedergeburt und eins mit dem göttlichen Licht. |
| XX | – Die Materie ist überwunden, die Seele kehrt zurück zu Gott. |

# DER ASTROLOGISCHE TAROT

# Die Tierkreiszeichen und die Planeten

Die Ägypter haben die Zukunft mit Hilfe des Tarot vorausgesagt. Sie benutzten dazu ihre Kenntnisse in Astrologie und Astronomie. Nichts blieb dem Zufall überlassen.

Die 78 Tarotkarten stellen einen kompletten astrologischen Tarot dar. Es würde jedoch den Rahmen dieses Bandes sprengen, Ihnen fundierte Kenntnisse auch auf diesem Gebiet zu übermitteln. Erfahren Sie hier nur die wichtigsten Begriffe, Bedeutungen und Zusammenhänge.

## Der Weg der Sonne im Lauf eines Jahres

Die Sonne beeinflußt auf ihrer Jahreswanderung alle 12 Sternenbilder des Tierkreises. Wenn sie im Zeichen des Widder steht, das ist im Frühling, dann beginnt das Sonnenjahr. In jedem Tierkreiszeichen hält sich die Sonne rund einen Monat auf, nämlich:

|                    | im Tierkreis | Regent  |
| ------------------ | ------------ | ------- |
| vom 22. 3.–21. 4.  | WIDDER       | MARS    |
| 22. 4.–21. 5.      | STIER        | VENUS   |
| 22. 5.–21. 6.      | ZWILLINGE    | MERKUR  |
| 22. 6.–21. 7.      | KREBS        | MOND    |
| 22. 7.–21. 8.      | LÖWE         | SONNE   |
| 22. 8.–21. 9.      | JUNGFRAU     | MERKUR  |
| 22. 9.–21.10.      | WAAGE        | VENUS   |
| 22.10.–21.11.      | SKORPION     | PLUTO   |
| 22.11.–21.12.      | SCHÜTZE      | JUPITER |
| 22.12.–21. 1.      | STEINBOCK    | SATURN  |
| 22. 1.–21. 2.      | WASSERMANN   | URANUS  |
| 22. 2.–21. 3.      | FISCHE       | NEPTUN  |

Es gibt 6 männliche und 6 weibliche Tierkreiszeichen.
Alle Zeichen des Feuers und der Luft sind männlich, nämlich Widder, Zwillinge, Löwe, Waage, Schütze, Wassermann.
Alle Zeichen des Wassers und der Erde sind weiblich, nämlich Stier, Krebs, Jungfrau, Skorpion, Steinbock, Fische.

# Die Planeten

Die Planeten sind nicht aus sich selbst leuchtende Himmelskörper, die sich um die Sonne drehen.
Die Sonne ist kein Planet, sondern ein Fixstern. Um sie bewegen sich 9 Planeten: Merkur, der der Sonne am nächsten steht, Venus, Erde, Mars, Jupiter, Saturn, Uranus, Neptun und Pluto. Pluto ist der Planet, der von der Sonne am weitesten entfernt kreist. Er wurde erst 1930 entdeckt. Der Mond, ein Erdsatellit und kein Planet, übt seinen großen Einfluß auf die Menschen aus. Er wird deshalb in der Astrologie den Planeten gleichgestellt.
Die Planeten erhielten ihre Namen nach den Göttern aus der griechischen und römischen Mythologie. Sie entsprechen ihrer Natur und ihrer Einflußnahme auf das Leben der Menschen.

## Die Sonne

ist 150 Millionen Kilometer von der Erde entfernt. Ihr Umfang ist ungefähr 1 310 000mal größer als der der Erde.

*Kindern der Sonne*

wird Mut, Tatkraft, Offenheit, Scharfblick, Geschicklichkeit, Ansehen und Erfolg zugeschrieben. Sie eignen sich z. B. als Führungskräfte, Manager, Leiter, Organisatoren.

## Mars

Dieser Planet erhielt seinen Namen nach dem römischen Kriegsgott Mars. Seine Entfernung von der Sonne beträgt ca. 227 Millionen Kilometer und von der Erde ca. 7 Millionen Kilometer. Ein »Marstag« dauert etwas mehr als 24 Stunden.

sind Realisten, Augenmenschen, offen und ehrlich – wenn auch manchmal etwas grob. Sie lassen Taten sprechen, lieben den Kampf, den Angriff, sind manchmal rücksichtslos, haben Unternehmungslust und große Willensstärke. Beruflich eignen sie sich als Handwerker, Techniker, Angestellte bei der Polizei oder in der Politik.

# Jupiter

ist der größte Planet des Sonnensystems. Sein Durchmesser ist mehr als 11mal größer als der der Erde. Von der Sonne ist er mehr als 5½mal so weit entfernt wie die Erde. Jupiter, nach der Sonne der schönste Stern in unserem Sonnensystem, hat 9 Satelliten.

*Kinder des Jupiter*

sind gesund entwickelt, heiter, offen, empfänglich für Schönes, gesellig, strebsam, Optimisten, spontan, nicht nachtragend, rechtschaffen, meist wohlhabend. Sie leben in der Gegenwart, oft im Ausland, sind ehrgeizig und ideale Träger von Würden und Ehrenämtern.

# Saturn

Saturn, griechisch »Cronos«, war der Sohn von Uranus und Géa. Die Entfernung des Saturn von der Sonne ist ca. 9½mal größer als der Abstand der Erde von der Sonne. Das Volumen des Saturn ist ca. 767mal größer als das Volumen der Erde.

*Kinder des Saturn*

haben Ausdauer, Erfolg aufgrund ihres Fleißes, sind zuverlässig, introvertiert, also in sich gekehrt, verschlossen, eifrig, fleißig und geduldig. Sie sind bekannt wegen ihrer Gelehrsamkeit, neigen zur Nervosität, Verschlossenheit, Grübelei, vermeintlicher Gefühlskälte. Sie kommen sicher ans Ziel. Sie sind gern Wissenschaftler, gute Untergebene, Handwerker, Arbeiter mit Beschäftigung in Zusammenhang mit der Natur.

# Uranus

ist der Name des griechischen Göttervaters. Nach der Mythologie brachte er Ordnung in das bestehende Chaos. Die Entfernung des Planeten von der Sonne beträgt ca. 2 868 Millionen Kilometer. Sein Durchmesser ist ca. 4mal so groß wie der Durchmesser der Erde. Der Umfang des Uranus ist ca. 2½mal größer als der der Erde.

*Kinder des Uranus*

lieben die Unabhängigkeit, Entdeckungen, Neuheiten, Änderung und Veränderung, den Wechsel. Sie neigen zu Kommunismus, Reformismus, zur Rebellion und zur Revolution. Sie sind explosiv und extrovertiert, haben Intuition und Erfindungsgeist.

# Neptun

Neptun, im alten Rom der Gott der Meere, war der Sohn des Saturn und Bruder des Jupiter und des Pluto. Die durchschnittliche Entfernung des Planeten Neptun zur Erde beträgt 4 Milliarden und 460 Millionen Kilometer, von der Sonne ist er ca. 4 Milliarden und 363 Millionen Kilometer entfernt. Er ist ungefähr 55mal größer als die Erde.

*Kinder des Neptun*

können sich anderen Meinungen gegenüber nur schwer durchsetzen, lassen sich vom Augenblick davontragen, sind oft willensschwach, übersensibel, irrational und voller Illusionen. Sie engagieren sich für Menschenrechte, haben Sinn für Vergeistigung und die Gabe der Inspiration, tendieren zum Sozialismus, lieben die Kunst, alles Geheimnisvolle und sind oft ein gutes Medium.

# Pluto

war der Gott der Unterwelt, Herr des Todes und Hüter der Schätze der Welt, Bruder des Neptun und des Jupiter. Der Planet Pluto wurde erst 1930 entdeckt. Sein Durchmesser beträgt ca. 6300 Kilometer.

*Kinder des Pluto*

sind manchmal heftig bis gewalttätig, auch »stilles Wasser«; sie haben verborgene Kräfte, können Massen beeinflussen, einen Orkan entfachen, wenn sie richtig loslegen. Sie lassen im Verborgenen wachsen und keimen, eignen sich für Werbung, Propaganda, Öffentlichkeitsarbeit, für Veröffentlichungen und zur Bildung der öffentlichen Meinung. Sie lieben die Veränderung und machen, bei gutem allgemeinen Einfluß, oft eine ausgezeichnete Karriere.

## Venus

Die Venus ist der Sonne etwas näher als der Erde. Der Abstand von ihr beträgt ca. 108 Millionen Kilometer. Der Planet erhielt seinen Namen von der römischen Göttin der Liebe, der Fruchtbarkeit, des Lebens. Ihr Sohn ist Amor. Der Planet Venus wird auch Abend- oder Morgenstern genannt.

*Kinder der Venus*

lieben die Schönheit und die Liebe, Sinnlichkeit und Zärtlichkeit. Sie sind meist elegant, heiter, gesellig, mitteilsam, sympathisch, oft passiv. Sie bevorzugen Berufe mit Kunst und Mode. Im Umgang mit Geld machen sie oft Gewinne.

## Merkur

Der Planet Merkur erhielt seinen Namen nach dem römischen Gott Merkur, dem Gott des Handels und der Beredsamkeit. Auch der Planet Merkur ist der Sonne näher als der Erde. Sein Abstand von der Sonne beträgt ca. 58 Millionen Kilometer. Für seinen Gang um die Sonne benötigt Merkur 88 Erdentage.

*Kinder des Merkur*

haben meist einen großen Freundeskreis. Sie sind intelligent, geschickt, schnell in der Auffassung, manchmal nervös. Ihr Ideenreichtum und ihre Intelligenz zeigen sich in Sprache und Schrift. Sie lieben die Veränderung, Reisen, Handel und Verkehr. Sie fühlen sich hingezogen zu Berufen bei der Post und Bank, als Kaufleute, als Angestellte für Verkehr, Reisen, Vermittlung, sind Rechtsanwälte, Schriftsteller, Publizisten.

# Der Mond

ist ein Erdsatellit und kein Planet. Seine durchschnittliche Entfernung von der Erde beträgt 384 000 km. Der Mond hat selbst keine Ausstrahlung, er reflektiert das Licht, das er von der Sonne empfängt. Da der Mond der Erde so nahe ist, ist sein Einfluß auf die Menschen trotzdem bedeutend größer als der der Planeten.

*Mondkinder*

sind Schlafwandler. Sie lieben Träume, den Schlaf, die Zurückgezogenheit, die Passivität, die Erinnerung und Nostalgie. Sie schöpfen Kraft aus dem Unterbewußtsein, sind stark dem Rhythmus und dem Wechsel unterworfen; deshalb gibt es für sie auch oft Veränderungen, seien es Ortswechsel oder Berufswechsel. Sie lieben das Meer und die Nähe von Wasser allgemein. Mondkinder sind oft große Heilkundige.

# Die Planeten und die Zahlen 1—10

Die Zahlen haben zu einem bestimmten Himmelskörper eine ganz besondere Beziehung:

| | | | |
|---|---|---|---|
| 1 | – Pluto | 6 | – Mars |
| 2 | – Neptun | 7 | – Sonne |
| 3 | – Uranus | 8 | – Venus |
| 4 | – Saturn | 9 | – Merkur |
| 5 | – Jupiter | 10 | – Mond |

# Die Planeten und die 4 Urelemente

*Auch den 4 Urelementen ist ein bestimmter Stern zugeordnet:*

| | | | |
|---|---|---|---|
| DIE ERDE | – dem Saturn | DIE LUFT | – der Venus |
| DAS FEUER | – dem Mars | DAS WASSER | – dem Mond |

# Kleine Arkanen und Planeten

*Zuordnung der 4 Figuren der Kleinen Arkanen zu den Planeten:*

| | | | |
|---|---|---|---|
| König | – SONNE | Ritter | – MARS |
| Königin | – MOND | Knappe | – MERKUR |

# Die 4 Urelemente
# Feuer, Erde, Luft, Wasser
# und ihre Bedeutung im Tarot

Was sagen die männlichen Elemente aus?

### 1. Das Feuer

Menschen unter diesem Zeichen sind aktiv, kreativ, impulsiv, spontan, heftig bis gewalttätig. Sie haben Unternehmungsgeist, neigen zu Übertreibungen, überwinden Schwierigkeiten und Gefahren.

### 2. Die Luft

Vertreter dieses Elements haben Gedankenkraft, sind· reich an Ideen, sozial, intellektuell, mitteilsam und gesellig. Sie sind unstet: Ideen und Plänen folgen nicht immer Taten. Sie haben auch Sinn für Abstraktes.

Was sagen die weiblichen Elemente aus?

### 3. Die Erde

Menschen dieses Zeichens sind eine Garantie für ununterbrochenen Fleiß, Dauer, Stabilität, Regelmäßigkeit, Stetigkeit und Ausdauer. Sie realisieren ihre Ideen mit schöpferischer Kraft, bauen auf gutem Fundament eine ebenso gute Konstruktion und sind auf beinahe allen Gebieten fruchtbar.

### 4. Das Wasser

Stärke der Wasser-Menschen ist die Kraft des Unterbewußtseins. In ihren Gefühlen drohen sie zu ertrinken. Sentimentalität und Träumerei stehen auf ihrem Banner. Sie sind meist passiv, kindlich und sehr intuitiv.

# Elemente und ihre Zugehörigkeit

## 1. Zugehörigkeit zu den Tierkreiszeichen

Das Element *Feuer* – zugehörig zu Widder, Löwe, Schütze – entspricht der Gruppe **Schwert.**

Das Element *Erde* – zugehörig zu Stier, Jungfrau, Steinbock – entspricht der Gruppe **Stab.**

Das Element *Luft* – zugehörig zu Zwillinge, Waage, Wassermann – entspricht der Gruppe **Becher.**

Das Element *Wasser* – zugehörig zu Krebs, Skorpion, Fische – entspricht der Gruppe **Scheibe.**

## 2. Zugehörigkeit zu Tierkreiszeichen und Planeten

◇◇◇◇◇◇◇◇◇◇◇◇◇◇◇◇◇◇◇◇◇◇◇◇◇◇◇◇◇◇◇◇◇◇◇◇◇

| **Element** | Feuer | Luft | Erde | Wasser |
|---|---|---|---|---|

◇◇◇◇◇◇◇◇◇◇◇◇◇◇◇◇◇◇◇◇◇◇◇◇◇◇◇◇◇◇◇◇◇◇◇◇◇

| **Planeten** | Sonne | Jupiter | Merkur | Neptun |
|---|---|---|---|---|
| | Mars | Venus | Saturn | Mond |
| | Uranus | | | |

◇◇◇◇◇◇◇◇◇◇◇◇◇◇◇◇◇◇◇◇◇◇◇◇◇◇◇◇◇◇◇◇◇◇◇◇◇

| **Tierkreis-zeichen** | Widder | Zwillinge | Stier | Krebs |
|---|---|---|---|---|
| | Löwe | Waage | Jungfrau | Skorpion |
| | Schütze | Wassermann | Steinbock | Fische |

◇◇◇◇◇◇◇◇◇◇◇◇◇◇◇◇◇◇◇◇◇◇◇◇◇◇◇◇◇◇◇◇◇◇◇◇◇

## 3. Elemente und Jahreszeiten

Frühling – *Luft*
Sommer – *Erde*
Herbst – *Wasser*
Winter – *Feuer*

# Zusammenhänge

## Tierkreiszeichen, Planeten und die Karten des Tarot:

Die *ersten 12* Tarotkarten werden den Tierkreiszeichen zugeordnet, nämlich:

| | | | |
|---|---|---|---|
| I | Der Magier | – | WIDDER |
| II | Die Hohepriesterin | – | STIER |
| III | Die Herrscherin | – | ZWILLINGE |
| IV | Der Herrscher | – | KREBS |
| V | Der Hohepriester | – | LÖWE |
| VI | Die Liebenden | – | JUNGFRAU |
| VII | Der Triumphwagen | – | WAAGE |
| VIII | Die Kraft | – | SKORPION |
| IX | Der Einsiedler | – | SCHÜTZE |
| X | Das Rad des Lebens | – | STEINBOCK |
| XI | Die Gerechtigkeit | – | WASSERMANN |
| XII | Der Gehenkte (Gehängte) | – | FISCHE |

## Und das sind die Karten der 9 Planeten:

| | | | |
|---|---|---|---|
| XIII | Der Tod | – | MARS |
| XIV | Der Ausgleich | – | MERKUR |
| XV | Der Teufel | – | SATURN |
| XVI | Der Turm | – | JUPITER |
| XVII | Der Stern | – | VENUS |
| XVIII | Der Mond | – | MOND |
| XIX | Die Sonne | – | SONNE |
| XX | Das Gericht | – | URANUS |
| XXI | Die Welt | – | NEPTUN |

# Der astrologische Tarot – zwei Methoden des Wahrsagens

## Methode 1

- Entfernen Sie die 9 Karten der 9 Planeten.
- Diese gut mischen, gerade oder verkehrt fallen lassen.
- Der Fragende hebt ab.
- Von rechts nach links in einer Reihe verdeckt auslegen.
- Die fragende Person bestimmt mit der linken Hand eine Karte – die Orakelkarte.
- Deuten Sie die Karte. Sie gibt Antwort auf die gestellte Frage.

## Methode 2

- Entfernen Sie die 9 Planetenkarten der Hohen Arkanen und die 12 Karten des Tierkreiszeichens aus den 78 Tarotkarten.
- Entfernen Sie aus dem Kartenpack die auf die fragende Person zutreffende Karte des Tierkreises, es ist die »persönliche Karte«.
- Die persönliche Karte kommt in die Mitte des Tisches.
- Mischen Sie jetzt die Planetenkarten und die Karten des Tierkreises *getrennt.*
- Legen Sie beide Päckchen getrennt verdeckt auf den Tisch, die Planetenkarten oberhalb, die Tierkreiskarten unterhalb.
- Jetzt deckt der Fragende – jeweils von einem Päckchen zum anderen wechselnd – die oberste Karte auf.
- Diese zwei Karten, links von der persönlichen Karte beginnend, offen nebeneinander auslegen und zusammen mit der Personenkarte deuten.
- Wieder die zwei obersten Karten der beiden Päckchen abnehmen und im entgegengesetzten Uhrzeigersinn offen auslegen.
- Zusammen mit der Personenkarte deuten.

- Wiederholen Sie den Vorgang noch fünfmal. Legen Sie die Karten im Kreis um die Personenkarte, so daß nach Abschluß bereits 14 Karten um die persönliche Karte angeordnet sind.
- Wenn Sie die Kartenpaare zusammen mit der Personenkarte und dann das Kartenbild insgesamt gedeutet haben, die persönliche Karte aus dem Kreis nehmen.
- Nochmals zwei Karten abheben und diese links und rechts von der außerhalb des Kreises befindlichen Personenkarte legen und deuten.

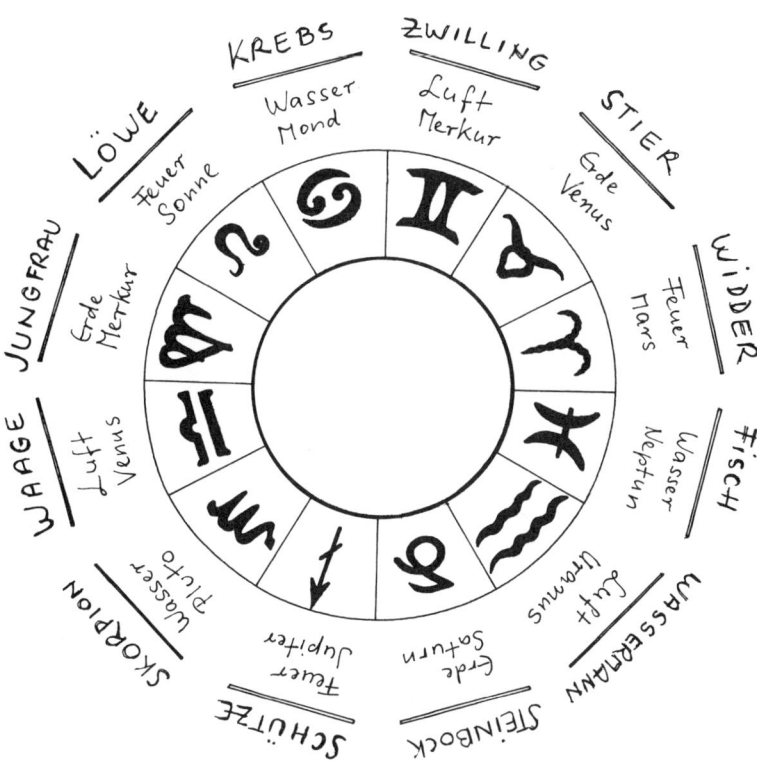

*Tierkreiszeichen, Planeten, Elemente – und ihre Zugehörigkeit*

# Bezugsquellen

Bezugsmöglichkeiten für die im Innenteil abgebildeten Karten des *Tarot Classic* und *Tarot Rider Waite*

Allgemein und für die Schweiz:
AGM AGMUELLER
Bahnhofstraße 21
CH-8212 Neuhausen am Rheinfall

Für Österreich:
Ferdinand Piatnik & Söhne
Hütteldorfer Str. 229–231
A-1140 Wien

Für deutsche Spielwaren- und andere Geschäfte:
F. X. Schmid
Bachstraße 17
D-83209 Prien am Chiemsee

# Register

# Weitere Titel aus dem humboldt-Programm